《家长阅读》丛书

教会孩子自我保护

《家长阅读》丛书编委会 ◎ 编

河海大学出版社
HOHAI UNIVERSITY PRESS
·南京·

图书在版编目(CIP)数据

教会孩子自我保护 /《家长阅读》丛书编委会编.
南京:河海大学出版社,2025.3.--(《家长阅读》丛书).--ISBN 978-7-5630-9714-2

Ⅰ.G78

中国国家版本馆 CIP 数据核字第 20253YR615 号

书　　名	教会孩子自我保护
	JIAOHUI HAIZI ZIWO BAOHU
书　　号	ISBN 978-7-5630-9714-2
责任编辑	吴　淼
特约校对	丁　妍
封面设计	徐娟娟
出版发行	河海大学出版社
地　　址	南京市西康路 1 号(邮编:210098)
电　　话	(025)83737852(总编室)
	(025)83722833(营销部)
	(025)83787476(编辑室)
经　　销	江苏省新华发行集团有限公司
排　　版	南京布克文化发展有限公司
印　　刷	江苏农垦机关印刷厂有限公司
开　　本	880 毫米×1230 毫米　1/32
印　　张	2.75
字　　数	60 千字
版　　次	2025 年 3 月第 1 版
印　　次	2025 年 3 月第 1 次印刷
定　　价	15.00 元

《教会孩子自我保护》编委会

特邀顾问: 赵忠心　赵　刚　王大龙
顾　　问: 刘学东　陶美霞　郑　勇
　　　　　　 陈　伟　刘　群　李慧秋
主　　任: 赵　云　王乃友
委　　员:（按姓氏笔画排名）
　　　　　　 王立华　毛宗俊　张宝林
　　　　　　 陈俊祥　姜洪洋　倪成城
　　　　　　 魏苏光

前　言

家庭是社会的基本细胞,家庭承载着国家与民族的前途和希望。"天下之本在国,国之本在家。""家和万事兴,家齐国安宁。"以习近平同志为核心的党中央高度重视家庭、家教和家风建设。在2018年全国教育大会上,习近平总书记对家庭教育作了"四个第一"的精辟概括。他指出,家庭是人生的第一所学校,家长是孩子的第一任老师,要给孩子讲好"人生第一课",帮助扣好人生第一粒扣子。在2015年春节团拜会上,习近平总书记谆谆告诫大家:不论时代发生多大变化,不论生活格局发生多大变化,我们都要重视家庭建设,注重家庭、注重家教、注重家风,紧密结合培育和弘扬社会主义核心价值观,发扬光大中华民族传统家庭美德,促进家庭和睦,促进亲人相亲相爱,促进下一代健康成长,促进老年人老有所养,使千千万万个家庭成为国家发展、民族进步、社会和谐的重要基点。

2021年10月23日,第十三届全国人民代表大会常务委员会第三十一次会议通过了《中华人民共和国家庭教育促进法》(以下简称《家庭教育促进法》),标志着家庭教育真正地由"家事"变成"国事"。

认真学习习近平总书记关于家庭教育的系列重要讲话精神,全面贯彻落实《家庭教育促进法》,进而实现中华民族伟大复兴的中国梦,是我们编纂《家长阅读》丛书的初衷。

坚持科学性、知识性、趣味性，立足高品位，弘扬正能量，博采天下家教精华，使读者朋友喜闻乐见，成为"家长的益友，家教的良师"，是《家长阅读》丛书的编纂宗旨，也是《家长阅读》丛书不懈追求的目标。

　　家庭教育是一切教育的基础。家庭教育决定孩子的未来。走进新时代，如何做一名合格的家长，是每一位负责任、有担当的家长不能回避的问题。

　　为国教子，是新时代家庭教育的价值取向。坚持为家教子与为国教子的有机统一，坚持个人成长与社会进步的有机统一，万户千家共同发力，各方能量竞相叠加，才能形成推动民族前行的磅礴之势。

　　立德树人，是新时代家庭教育的核心要义。家长要善于掌握规律，科学育德，灵活育德，根据新时代儿童成长特点，培养孩子高尚的操守和优秀的品格。

　　以身垂范，是新时代家庭教育的基本方法。家长要秉持正确的世界观、人生观、价值观，谨言慎行，防微杜渐，言传身教，做好表率。

　　本套丛书的编纂工作，得到河海大学出版社的鼎力支持，国内著名家庭教育专家赵忠心、赵刚、卢勤、王大龙等老师也倾力相助，在此谨致衷心的感谢！

《家长阅读》丛书编委会

目　录

第1章　家教视点 ··· 1
如何教会孩子自我保护 ···························（王　玲）1
孩子自护教育漫谈 ·······························（房元品）6
教孩子学会自我保护 ·····························（朱红昆）11
教孩子将人身安全放首位 ·························（仲启新）16

第2章　家教论坛 ··· 19
循序渐进是家长须遵循的育脑之道 ·················（王大龙）19
家庭和谐助力孩子成长 ···························（杜庆芳）22
父母的信任是孩子自信的基石 ·····················（齐　新）26

第3章　学法崇德 ··· 28
学法用法　爱鸟护鸟 ·····························（华　少）28

第4章　家教故事 ··· 31
孩子,你很棒 ···································（杨　力）31

第5章　学前教育 ··· 34
问题具体,沟通才有效 ···························（毕　荣）34
别给孩子扣"多动症"的帽子 ······················（杜庆芳）37
亮亮的"小菜园" ·······························（小　华）41

第6章　家庭生活 ··· 44
人生需要风和雨 ·································（洪　坤）44
小外孙的监督权 ·································（唐景富）48

第7章　灯下夜话 …… 52
屡败屡战的孩子 ……（庄　斌　陈彬铨）52
慢下来,享受有"质感"的生活 ……（张大丽）55

第8章　家教文萃 …… 62
强扭的瓜不甜 ……（廉福录）62
珍惜时间 ……（柳怀玉）64

第9章　忘年文苑 …… 65
隙中窥书 ……（申功晶）65
书香相伴暖流年 ……（邱俊霖）68

第10章　教师手记 …… 71
家长如何与孩子沟通 ……（石玉楼）71
适时糊涂,给转变留扇窗 ……（凌欣台）74

第11章　他山之石 …… 76
一种自我控制的强大力量
……（[韩]张炳惠著　宁莉译）76
卡尔·威特的蓝色苹果 ……（家　凯）78

第 1 章 家教视点

> 孩子是每个家庭的希望,更是民族和国家的未来。在孩子的成长过程中,培养他们的自我保护意识至关重要,因为这不仅能让孩子在面对危险时做出正确的反应,还能帮助他们更好地适应社会,健康茁壮成长。如何教会孩子自我保护,本章中王玲老师等提出的真知灼见,中肯而实用,且具有很强的可操作性。希望大家从中能有所受益。

如何教会孩子自我保护

在我们身边有很多孩子因缺乏自我保护意识而受到意外伤害。这种现状,值得家长重视。对孩子进行安全方面的教育,教会孩子如何保护自己非常重要。

2017 年底,中国疾病预防控制中心慢性非传染性疾病预防控制中心(简称"慢病中心")和全球儿童安全组织联合发布《中国青少年儿童伤害现状回顾报告》,对 2010—2015 年间我国 0—19 岁青少年儿童伤害死亡和发生情况做了回顾。该报告显示,我国每年有超过 5.4 万名儿童因意外丧命,44.5% 发生在家中。伤害是我国 0—19 岁青少年儿童死亡的首要原因,占所有死亡的40%～50%,溺水、道路交通伤害和跌倒坠落是前三位伤害死因。门急诊监测数据显示,0—19岁儿童伤害病例总体呈上升趋势,其中1—4岁年龄组占比最高,家中是伤害发生最多的场所。报告说,我国必须采取建立多部门合作机制等策略,将儿童伤害防控重心从降低死亡率前移至预防发生,才能更好地保障我国儿童健康成长。

2020年9月,由中国儿童中心等机构主办的《中国儿童舆情报告(2020)》新闻发布会在北京召开。报告说,儿童舆情大多聚焦于儿童权益受到侵害,2019年全年20大儿童舆情热点事件中有10个涉及猥亵、虐待、欺凌、性侵、拐卖、杀害等儿童受侵害事件。通过对"儿童权益遭受侵害现象"的约240万篇报道分析提出,儿童权益遭受侵害舆情呈上升趋势。报告显示,侵害未成年人犯罪案件总量有所下降,但性侵案件仍呈上升趋势,侵害不满14周岁未成年人犯罪率有所上升。

现如今,生活条件优越,家长尽其所能满足孩子的物质需求,总是希望自己能做孩子的保护伞,让孩子不受伤害。但是,毕竟路要靠孩子自己走,未来他要自己去面对。根据以上两份报告,孩子受到伤害有两方面的原因,一是家庭内的自我保护知识欠缺,二是对犯罪分子的侵犯没有防范意识。因此,对孩子的保护也应从这两方面进行。

一、在家里,给孩子划出安全区

在家里,孩子需要有自己玩耍的空间,这样他就不会随便乱跑了。家长可以将客厅的某处划为孩子的安全区,并将孩子的玩具、课外书等都放置到安全区,孩子可以在安全区玩玩具、看书、接待小朋友。另外,父母要告诉孩子家里哪里是危险区、哪些是危险物品,并让孩子远离。

家长需要告知孩子,家里常见的危险区有厨房、窗台、阳台、衣柜旁、门后面、电视线旁、电源插座处等。告诫孩子没有成人在时,不许到这些地方去玩。常见的危险物品有燃气灶、各类刀具(剪刀、水果刀、削皮刀)、缝衣针、钉子、打火机、热水壶、保温杯、药等。告诉孩子不能触碰这些物品,更不要拿这些物品当玩具。如果孩子年龄较小,还无法分清各种物品,则需要将洗衣液、洗涤剂、食品干燥剂、化妆品等放置在孩子无法够到的地方,以免孩子误食,发生危险。

可能光凭嘴巴说,并不能完全奏效,家长可以做一个实验,如拿一个鸡蛋从高空抛下,然后告诉孩子,我们的身体和脑袋,就像这个鸡蛋一样脆弱,用这样的视觉冲击,让孩子永远记住,玩耍要远离阳台等高空地带。在孩子知道了哪些地方不能去、哪些物品不能玩后,为了让孩子更好地遵守约定,家长可以与孩子一起制作危险标识,如在空白卡片上画上交通信号灯中的红灯,并和孩子一起将卡片粘贴到嘱咐孩子不能去玩的地方和不能玩的物品上。

二、教孩子怎样保护自己

近年来,儿童遭受性侵害、被霸凌等权益侵害事件频发,因此未成年人保护亟须加强。家长要教会孩子如何辨别性侵犯行为,告诉他们如何预防性侵害;告诉孩子什么是校园霸凌,如果遭遇校园霸凌,应该如何面对。

1. 父母要教会孩子如何辨别性侵犯行为

告诉孩子:背心、裤衩覆盖的地方是身体的隐私部位,不许别人随便说、随便看、随便摸,此外,任何时候只要他人的触碰让你感到不适,不管是哪个部位,你都可以大声拒绝,要求对方立即停止,想办法离开这个人,并把事情告诉爸爸妈妈。

除此之外,要告诫孩子拒绝以下行为:被别人带到一个隐秘的地方,让孩子脱下上衣或裤子,摸孩子的胸部或生殖器部位;让孩子摸对方身体的某个地方(胸部、生殖器),或者让孩子看对方的裸体或隐私部位;被别人带去看有很多成人裸体镜头的电影或者视频;被别人用其身体的某个部位(生殖器或嘴巴)接触孩子的隐私部位;在公交车、电影院等公共场所被别人触摸身体隐私部位。

男孩女孩都有可能受到性侵犯。因此,男孩女孩都应有保护自己、预防性侵犯的意识。

告诉孩子,对他(她)进行性侵害的人,有可能正是他(她)熟悉、信任、亲近的人,比如自己的亲人、邻居、老师、父母的朋友等。孩子对这样的一些人没有防范意识,从来就不会想到他们所爱的人和被他们尊重的人会对自己进行性侵害。

家长可通过角色扮演、演练等方式,帮助孩子加深印象,可以设计很多可能发生的场景,向孩子提出问题并教会孩子如何保护自己。

2. 孩子被校园霸凌后,家长怎样应对

校园霸凌,是指在校园及其合理辐射范围内,一个学生或一群学生对某个或多个学生进行的长时间、反复、带来极大危害的欺凌行为。孩子在遭受欺凌后,家长应尽可能给予孩子关爱,提供情感上的支持,创设一个温暖、理解的环境,帮助孩子获得改变当前状态的信心。此外,要对孩子遭受霸凌的状况做评估,如果评估情况比较严重,需要及时站出来

保护孩子,比如可以主动联系学校、老师甚至霸凌主导者的家长,让孩子感受到父母是和他站在一起的,父母可以保护和支持他。当然,必要时需要进行针对性的专业心理咨询干预。

3. 让孩子记住这 10 句话

(1) 不要一个人走夜路,放学回家要结伴而行;

(2) 不单独去老师的办公室;

(3) 生命第一,财产第二;

(4) 小秘密要告诉爸爸妈妈;

(5) 不吃陌生人的饮料、糖果,不与陌生人说话;

(6) 独自在家时不给陌生人(熟人)开门;

(7) 遇到危险可以打破玻璃,破坏家具;

(8) 遇到危险可以自己先跑;

(9) 不保守坏人的秘密;

(10) 对坏人可以不说实话。

父母要让孩子明白:如果你不幸遇到伤害,首先是要保住自己的生命。其他的都不重要,健康地活着才是最重要的。如果被侵害,要做 3 件事:立即告诉爸爸妈妈、报警、到医院检查身体情况。让孩子保存好爸妈的电话、工作单位,其他亲人的电话及家庭住址等信息,关键时刻非常有用。

(王 玲)

孩子自护教育漫谈

自我保护能力是孩子生存和发展的基本技能之一,安全意识是孩子自我保护能力的重要方面。生活中,儿童意外事故的发生,有相当大的比例是由于孩子安全防范意识差、缺乏安全常识和自我保护能力。为了保证孩子的身心健康和安全,使孩子健康成长,家长应该从孩子幼年时期就开始对他们进行自我保护教育,培养和提高孩子的自我保护能力。

一、父母要充分认识到孩子自护教育的重要性

未成年人正处于长身体、长知识的重要时期,他们身心尚未成熟,尚在发育阶段,各项身体机能还不完善,缺乏判断能力和社会经验。同时,身体力量薄弱,加之生活环境复杂,存在不少不利于青少年成长的因素,孩子容易成为施暴的目标,也容易在面对危险的时候,不知所措,受到伤害。而随着孩子年龄增长,交往活动圈扩大,父母等监护人不能总在身边陪伴保护,所以孩子必须学会保护自己,学会独立判断分析,学会独立思考,学会生存,树立防范意识,知道防范的方法,这也是为其将来成年后进入社会奠定基础。

家庭和社会各方面的保护,只是为未成年人的健康成长提供了必要条件,要使孩子的身心健康、合法权益得到保护,还要孩子自己配合,能够自我保护。因此,父母要充分认识到对孩子进行自我保护教育的必要性和重要性。

二、要树立正确的家庭教育观念

有些父母在对孩子进行自护教育的过程中,过分溺爱孩子,事事包办代替,总是习惯于替孩子担负起保障自身安全

的责任,总是不厌其烦地告诉孩子:"当心!这样太危险,不能做。""那样也不能做!"而孩子本身很少关心自己的安全问题。这样就导致孩子娇气、依赖性强,面对危险,缺乏积极主动的处理能力,孩子自我保护能力差。如果孩子自身不能区分什么是安全、什么是危险,那么父母、教师再严密的保护也不能保证万无一失。我们既不可能时时刻刻地跟在孩子身边,也不能因为怕出事故而束缚孩子的手脚,限制他们的行为。因此对孩子进行安全教育势在必行,要让孩子对生活隐患有防范意识,对突如其来的危险有较好的自救行为,也就是培养孩子自身的安全保护意识。这是安全教育的根本,"授之以鱼,不如授之以渔"。立足"自护",而不是习惯于"他护"。家长要充分认识到,自己不仅有保护孩子安全的责任,同时也要对孩子进行初步的安全指导、教育,帮助孩子树立安全防范意识,知道防范的方法,逐步提高孩子保护自己的能力。

三、要把对孩子的自我保护教育融于孩子的日常生活中

第一,应该对孩子进行必要的安全意识教育。

孩子年幼无知,没有生活阅历和经验,他们不知道什么事情能做,什么事情不能做,什么地方能去,什么地方不能去;也不知道什么东西能玩,什么东西不能玩,有时偏偏喜欢做一些危险的尝试。这些都需要家长给孩子讲清楚,强调"安全第一"的意识,让孩子时刻注意自我保护。

家长对孩子的安全教育应该贯穿于日常生活中。比如家长可以和孩子一起看电视、听故事,以及让孩子亲眼看见由于不注意安全而导致不良后果的现场或警方提供的有关视频,让孩子了解不注意安全的严重危害性,丰富孩子的社会经验,进而向他们提出一些安全规则,要求孩子遵守交通

规则；父母不在家，不要给陌生人开门……这些都是孩子要具备的安全意识。家长通过这些教育，可以使孩子明白做危险事情的后果，培养孩子的自我防范意识。

第二，要耐心向孩子讲解必要的安全常识。

在日常生活中，家长应有意识地向孩子讲解一些安全常识，以培养孩子的自护能力。许多家长只知道给孩子定下种种规则，不许这样，不许那样，却疏忽了对这些限制做进一步的解释说明。孩子没有理解家长不允许自己这样做的原因，认识不到这样做的危险性，一旦成人不在身边时，在好奇心或逆反心理的驱使下，他们常常会做出一些危险的尝试，从而引起一些伤害事故。所以，家长在向孩子提出一些安全规范时，应耐心地讲清原因。如不要把手指放在门缝里，否则别人一推门，会夹伤你的手指；不要在马路上玩耍，那里车很多，很危险。当孩子明白了这样做的危险后果，理解了家长的限制是出于对自己的爱护，也就不会去贸然尝试了。

父母还可以与孩子分享个人经验，讲述自身生活中类似的经验、心得以及身边的事例。这样的生活常识对孩子来说就非常直观、生动，易于接受。

第三，要注意培养孩子独立思考和解决问题的能力。

平时要培养孩子独立思考和解决问题的能力。父母要多创设机会让孩子独立地处理问题，对于发生在孩子身上的事情，家长不要急于干预，而应让他自己去思考解决问题的办法。如当孩子玩足球时足球不慎滚到马路中间，打羽毛球时球飞到了房顶,等等,这时候应该怎样去做?将解决问题的主动权交给孩子,问他:"你说怎么办呢?"在父母的启发引导下,孩子会想出很多办法,这时,再和孩子一起确定一个最佳方法。这样做虽然要花费一些时间,但时间长了,孩子的独立思考和解决问题的能力就会得到提高,能够避开危险因素,以后若遇到类似的情况,即使成人不在身边,他也会自己设法安全地解决。因此,家长平时应注意有意识地放手让孩子独立地面对困难,不要事无巨细地赶在孩子的前面为他扫除一切障碍,以免孩子形成依赖性,缺乏解决问题的能力。

第四,要帮助孩子正确认识现实生活。

现实生活是丰富而复杂的,是与非、美与丑、善与恶是并存的。有人认为为了保持孩子的童稚和纯真,应尽量不让孩子接触社会的阴暗面。这种观点是失之偏颇的,要知道,温室里的花是经不起风吹日晒的,孩子若终日生活在鸟语花香的童话世界中,就不容易了解社会的复杂性,对社会也会缺乏应有的戒备心理。正因为如此,孩子就容易听信别人的谎话或受物质引诱而发生被骗的事件。因此,家长应该让孩子客观地认识世界,利用讲故事、谈话、看电视等形式,深入浅出地向孩子说明周围社会的复杂性,教育孩子不要轻信陌生人的话或随便跟陌生人走等,注意培养孩子的自我防范意识,告诉他们在遇到危险时应该怎么做。例如,让他们知道自己有权利拒绝不合适的要求和行为,要学会说"不"。教育孩子如何寻求帮助,让他们知道在遇到困难和危险时,可以向身边可信任的人求助或拨打紧急电话。

第五,训练孩子的自救技能也十分重要。

知和行是有一定距离的,孩子有时知道要注意安全,但不一定有能力去处理一些带有危险性的事情,这就需要成人在平时有意识地训练孩子的自救技能。如人为地创设一些问题情景:如果你被反锁在家里,你该怎么办?如果发现着火了,你该怎么办?该怎样逃生?如果发生地震,你会怎么做?引导孩子设想出各种自救方法并进行演习,让孩子在实践中学习和掌握自我保护的技能。这种活动既是游戏,又是模拟练习,孩子会非常喜欢。同时,这种活动还能培养孩子临危不惧、机智勇敢的品质。要教育孩子如何辨别危险和安全,识别并避开危险,让他们知道什么是不安全的行为和场所,注意道路交通安全,了解火灾逃生办法,防范拐骗,避免水、电等意外伤害等。可以结合游戏、绘本阅读等方式来教育孩子,让他们能够懂得如何保护自己。

从小要告诉孩子"好汉不吃眼前亏"。"好汉不吃眼前亏"不是逃避问题,而是要审时度势后再进行正确的应对,即三思而后行。例如,面对比自己高大的孩子的挑衅,要尽力避免肢体冲突,首先学会保护好自己。当别人故意挑衅或遇到力所不能及的事情的时候,不能莽撞,要避其危险和锋芒,自找退路,不正面接招,然后再寻求妥善的处理办法。

家长不仅要细心地爱护孩子,时刻绷紧安全这根弦,更要注意随时引导孩子注意安全,培养孩子的自我保护能力。这样,才能真正保证孩子的安全和健康成长。

(房元品)

教孩子学会自我保护

常常看到孩子被伤害的报道：被水烫车撞、被骗色骗财、被校园霸凌……林林总总，令人心疼。也许，有人会自责："都怪我们没把孩子照顾好。"其实并非如此，我们不可能永远把孩子保护在真空里，只有放手，让他们直面这个多元化的世界，教他们学会自我保护才是王道。

教孩子学会自我保护，恰如给他们披上一层隐形的铠甲。这样，在未来的成长之路上，即使遇到再多的风雨，他们都不会张皇失措，而是会游刃有余地面对。

那么，我们该如何教孩子学会自我保护呢？

相关专家将孩子的安全分为五个方面：生活安全、身体安全、心理安全、社交安全、网络安全。下面就试着结合不同年龄段孩子的心理和智力，围绕这几方面来进行阐述。

一、幼儿自我保护教育

这个时期的孩子大概3—5岁，认知能力有限，只要教他们初步认识危险，掌握简单的自我保护方法就可以了。

在身体安全方面，可以利用简单的绘本、图片，或者通过儿歌、简单的游戏教孩子认识身体的隐私部位，告诉孩子这些地方不能让别人碰，有人碰就要告诉爸爸妈妈。比如"小裤衩护住的地方不能让别人碰"。此外，教会孩子基本的急救知识。比如，不小心跌倒了，膝盖擦破了皮，要

赶快找家人贴创可贴。

在生活安全方面,也要利用讲故事或者看绘本等方式告诉孩子,豆豆、花生米等不能向鼻孔里塞,转动的电扇不能摸,热水杯不能碰,等等;外出时拉住孩子的手,告诉他为什么要这样做,并告诉他以后每一次外出都要主动拉大人的手,并走在大人的里侧,远离马路。同时,教孩子认识红绿灯,家长要严格遵守交通规则,以身作则,让孩子从小就养成"红灯停,绿灯行"的好习惯;此外,将爸爸妈妈的名字、手机号码编成简单的顺口溜,让孩子反复背诵,熟记于心。

二、儿童自我保护教育

这个时期的孩子大概 6—8 岁,认知能力有了较大提高,这一时期,要帮助孩子加深对危险的理解,并教会他们进行力所能及的自我保护。

在身体安全方面,可以通过模拟的方式让孩子明白,哪些行为是正常的,哪些是不正常的。遇到不正常的行为,包括别人对自己隐私处的触摸、被别人强迫做自己厌恶的动作等等,要严厉拒绝,并告知家长。还要教给孩子一些基本的健康知识,比如不能吃不干净或者腐烂了的水果等食物,感冒了要多休息,饮食要清淡营养等。

在生活安全方面,要增强孩子的责任感,比如外出前带着孩子检查家里的门窗、煤气是否关好。对于煤气这一块,要对孩子反复重申,如果发现煤气泄漏,千万不能开火、开灯,而是要迅速告诉大人,立刻切断气源,轻轻打开门窗。外出时,要教给孩子更具体的交通知识,比如过马路要走斑马线,就算是绿灯了,也要先左后右看看有没有车过来。万一与家人走散了,不要乱走,要待在原地,或者请警察叔叔、公共场所管理人员帮忙。不要吃陌生人给的食物,不要跟着陌生人去任何地方。

　　此外，还要教给孩子一些基本的安全知识，比如雷雨天不要到大树下面躲雨。还可以让孩子观看关于地震、火灾等的科普视频，教会孩子在各种特殊场景下的自我保护——火灾时不能乘电梯，要用湿毛巾捂住口鼻，弯腰低姿态逃离。地震时，不要跳楼，可躲在承重墙的墙角或者坚固家具的下面，用坐垫、枕头等保护好头部、颈部。如果在室外，要站到广场、操场等空旷之地。

　　在社交安全方面，主要是教孩子学会保密，不要随便向陌生人泄露自己的信息，包括自己的名字和学校，父母的名字、单位、手机号码等等。可以结合网络上具体的信息泄露事件进行教育，强化教育的效果。

三、少年自我保护教育

　　这个时期的孩子大概9—12岁，各方面能力都有了很大提高，应着力培养他们独立应对危险的能力，全面提升他们的自我保护意识。

　　在身体安全方面，必须进行适时的性教育。采用适当的书籍或网络资料，让孩子认识青春期的身体变化，学会生理卫生知识，学会爱护自己的身体，防止骚扰和侵害。此外，少年生命力旺盛、活泼好动，教会他们避免运动伤害就成了重中之重。主要包括：运动技巧——正确的跑步姿势、举重的发力方式等；正确的热身和拉伸；运动装备的合理选择——跑鞋、护膝、头盔等；身体信号识别——区分正常疼痛和受伤疼痛，知道及时停止运动等等。

　　在生活安全方面，着重关注孩子独自在家时的安全教育。告诉孩子有人敲门，一定要先从猫眼确认，不要给陌生人开门，要制造家长在家的假象，比如大声对着房间喊："爸爸，有位叔叔来找你,你快来呀!"以此可以吓跑心存不良的人。还要教给孩子报警的正确方法,遇到火灾、盗窃等特殊情况时,及时有效的报警可以最大限度地保护自己和家庭财产。

在社交安全方面,着重教给孩子应对霸凌的策略。首先是勇敢地说"不","欺软怕硬"是一种普遍的心理,当孩子勇敢站出来维护自己权益的时候,霸凌者一般都会有所收敛。然后,要尽快寻求帮助,比如告诉老师、家长。一定要告诫孩子,千万不可因为害怕或者羞耻而选择默默忍受,那样只能让霸凌行为越演越烈。

在网络安全方面,着重教导孩子在网络上要文明礼貌,不能使用攻击性的语言。如果遇到网络欺凌和骚扰,应及时告诉家长或者老师,同时保存好相关的证据。还要向孩子讲解网络的危险,通过实际案例让孩子明白网络诈骗、网络暴力等现象的存在,让孩子知道不能轻信网友,要保护好自己的个人信息,不能随意点击不明来历的链接、不可以传播不良信息等等。

四、青少年自我保护教育

这个时期的孩子大约 13—15 岁,他们更加成熟,接触的环境也更加复杂,需要着重培养孩子在复杂社会中的自我保护意识和行动能力。

在身体安全方面,着重帮助孩子建立健康的生活习惯和饮食习惯,包括健康饮食、适量运动、早睡早起、不吸烟不喝酒等等。最好结合身边人的具体案例,先让孩子明白健康生活的重要性,这样比较容易建立好习惯。此外,还要给孩子普及常见疾病的预防方法,比如科学用眼、正确刷牙、防止肥胖等等。

孩子的心理安全也不容忽视,一言不合就做出极端行为甚至放弃生命的现象,实在是让人难以承受之痛。首先,要教会孩子控制情绪,让孩子明白有情绪是正常的,但是如果不加以控制，情绪就会如猛兽伤害自己或别人，进而教给孩子控制情绪的具体方法——比如愤怒时，先默数到9再说话；难过时，要学会排解，比如向爸爸妈妈倾诉；遇到不理解的事情时，要学会沟通，而不是埋在心里。

其次，要培养孩子的心理平衡能力，让他们在面对挫折时保持积极的心态。可以结合一些名人失败的事例进行教育，引导他们看到失败中的经验教训，鼓励他们哪里跌倒哪里爬起来，培养孩子坚韧不拔的精神和强大的心理。

最后，要教孩子学会科学面对心理压力。每个人的成长都会遭遇各种压力，比如人际关系压力、学习压力。压力过大时，在身体和心理上都会有某种程度的反应，比如失眠、头痛，要让孩子明白这是正常的，不可怕，只要学会科学应对就可以了。然后，结合自己的切身体验，教给孩子缓解压力的具体方法，比如运动减压、听歌减压。

在社交安全方面，因为这个年龄段的孩子更多地走向了社会，我们要提醒他们谨慎交友，人品不良的人不交。遇到被跟踪、骚扰等特殊的危险情况时，要尽量向人多的地方走，沉着冷静，寻求帮助。打车要规范，千万不能贪图小便宜，听从不良网约车司机的劝告随意取消订单等等。

此外，必须注重培养这个年龄段孩子的法律意识，及时普及《中华人民共和国未成年人保护法》等相关法律法规，让孩子明白自己的权利和义务，必要的时候能够理智地通过法律途径维护自己的权益。

教孩子学会自我保护，是一项长期而具体的工作，任重道远。为了孩子能够在这个充满机遇也充满挑战的世界里茁壮成长，让我们上下而求索吧。

（朱红昆）

教孩子将人身安全放首位

我的孩子大学毕业已经两年了。两年来,孩子已经完全适应了从学生到社会人的转变。我们一家三口还有一个"开心一家"的微信群,每天各人在群里道个早安,三人都在参加健身锻炼,我们每天也都会在群里报告一下自己的体重情况,互相支持和鼓励,每天晚上还会报个平安。孩子毕竟在外工作,有时忙于工作报平安会慢了、不及时,我们就会稍稍提醒一下。孩子说:"爸爸妈妈,你们放心,我有时候确实是忙忘记了,不过,也请你们放心,无论在什么时候,我都会将人身安全放在第一位,保护好自己的,除人身安全之外,其他都是小事。"

我们知道,孩子是把安全观念牢牢记在心中的,这也与我们日常家庭教育是分不开的。养育孩子不易,家家都把孩子当成手心里的宝,孩子健康成长是家庭最大的事,孩子的安全是家庭最大的安全。如何保障孩子的安全,我们作为家长不能天天跟着,只有增强孩子的安全意识,教会孩子保障安全的方法和技巧,才能最大限度地保障孩子安全。

我们是双职工,孩子从上一年级开始就是一个人独来独往,也正是因为考虑安全等因素,孩子的小学是在家旁边的工人子弟学校上的。因为步行上学,孩子来回有一里路,就顺着家所在的一边马路的人行道步行,不用过马路。即使是这样,我们的安全教育一点儿也没放松。刚开始的时候,多次开展现场教学,增强孩子的安全意识。在开学初,陪孩子一起上下学时,我们告诉孩子,要注意走路安全。那时城市管理未规范,路上不拴绳的狗多,孩子太小,走路没人陪,我们给孩子准备一根小棍,平时上学路上拿着防身自卫,狗不侵犯我们,我们不打它,一旦猫狗侵犯我们,我们就挥棍自卫,并迅速逃跑,边跑边喊。到学校时,将小棍收在绿化带中,放学回家时再拿着。平时上学路上,顺着马路边走,不影响其他人,尤其是人行道上骑车的老年人,看到车辆,离他们远远的,防止因为自己惊到老人,造成安全事故。有一段时间,上学路上有一处电力施工,在人行道上搭了脚手架,孩子经过时,我告诉他,要和其他人结伴通过,这样目标大,施工人员能注意到下面有人经过,会更加注意施工安全,保障下面行人能够安全通过。我还让孩子经过时,对上面人喊一声"叔叔,我要过路了",同时双手抱住头,快速通过。

我们还告诉孩子,路上不和陌生人讲话,遇到陌生人搭话,赶紧说:"我家就在附近,我马上到家了。"并且和陌生人保持一定距离,快速向人多的地方跑。在孩子单遛时,我们还专门请同事进行测试,孩子果真能按我们说的去做,让同事笑岔了气,也让我们放下心来。

待孩子上初中时,我们规划的新家正在一所初中附近,孩子考上的是另一所公办初中,为孩子上学安全,我们又选择了离家近的初中。初中三年,孩子是独立上学放学的,我们一天也没接送过。在初中时,发生了一件事,让孩子对安全保护有了更深刻的认识。有一次课间,孩子坐在座位上和一个同学讲话,他的另一个同学要去厕所,拉我们孩子一起去,但我的孩子不需要上厕所,就不想去,同学盛情相邀,并伸手过来拉,我的孩子一只手被拉住,另一只手下意识地抓着课桌边赖着不去,结果手心被桌边铁刺拉开一条长长的大口子,缝了好几针。这件事,给孩子和同学都上了一堂安全课,以后他们就更加注意安全保护了。

孩子进入初中,也进入了青春期,我们的安全保护教育又加入了青春期教育内容,和孩子一起做好青春期的安全保护,让孩子知道在学习和生活交往中,都要与同学保持适当的距离,不能超越界限。儿童时的亲密无间可以,进入青春期后,男女生交往要有礼有节,尊重双方隐私,保护自己的隐私,这是保护女生,更是保护自己,保护彼此间纯洁的友谊。

孩子读大学期间,我们教育孩子在经济上要保护自己,有困难要和父母讲,大学重点是学习长本领,为进入社会打好基础,确立正确的经济观,不能图一时享受,误入各种网贷的陷阱,而使自己万劫不复,影响以后的人生历程。

如今,孩子已经顺利走上工作岗位,我们教育孩子同样要保护好自己,对待领导、同事,都用一颗真心,工作上实打实,待人真诚百分百,我们不负人,不给人挖坑,结交朋友以诚相待,远离不诚之人,减少安全隐患,保护好自己。

安全是1,工作、成就、平安、幸福是1后面的0,有了前面的1,后面的数字才有存在的意义。一旦安全没了,其他一切再多、再大,整体数据都是0。

(仲启新)

第 2 章 家教论坛

循序渐进是家长须遵循的育脑之道

从孩子的学习和教育的角度来说,家长要遵循孩子大脑发育的道,也就是基本规律。脑科学专家认为至少有这么几个方面:

1. 由低级到高级,从里到外、从下往上

孩子的大脑发育方式是从古脑(爬行脑)到旧脑(哺乳脑)最后到新脑(大脑皮层)这样一个过程。古脑的主要部分是脑干和小脑,归属于前庭系统,负责人体的本能行为和觉醒状态,影响孩子的注意活动和存活能力。旧脑的主要部分是大脑的边缘系统,负责吃喝的节律以及控制情绪和情感活动。新脑主要指我们的大脑额叶、顶叶、颞叶、枕叶,负责我们的高级认知行为。只有大脑逐步正常发育以后,孩子才能正常学习。

2. 用进废退,因刺激而成长

0—3 岁时,是孩子神经元高度发育的阶段,3 岁时孩子的大脑神经元突触是成人的 2 倍。在 3—15 岁时,神经元会进行自我修剪,有用的得以强化,无用的进行修剪。在这时,反复而长期的刺激可以确保孩子形成良好的行为习惯。在15岁以后,神经元网络定型,孩子的能力趋于稳定。因此把握培养孩子能力的关键时期非常重要。如果孩子在15岁以前出现专注力低下的问题并得不到改善,这一问题很有可能就将伴随他一生。

3. 把握关键期,注意前快后慢

根据智力发展曲线图,孩子在1岁时智力发展达到20%,4岁时达到50%,8岁时达到80%,12岁时达到92%,17岁时达到100%。

因此,孩子智力的发展时期,最关键的就是在0—12岁这段时期。

智力发展需要孩子的感觉通路向大脑运输信息,促使大脑学习,刺激大脑智力发展。如果孩子的专注力低下,学习能力下降,智力发展的高峰期就会被白白浪费,无法达到理想水平。

4. 儿童能力增长需要步步为营、稳扎稳打

儿童的能力维度从下往上分别是大肌肉运动能力、感觉动作统合能力、知觉动作统合能力、符号认知阅读能力、数字推理能力、自我监控能力。只有实现了孩子下层能力(包括大肌肉运动、感觉运动统合、知觉运动统合)的合理建设,孩子的注意力和记忆力才会正常发展,上层能力(符号认知阅读、数字推理、自我监控)才能稳固搭建。

那么,孩子的专注力在大脑发育规律中扮演什么样的角色呢?

脑信息加工任何环节能力不足,都会表现为孩子专注力的欠缺,由此产生学习、创造、决策能力等方面不足的问题。比如注意力不集中、做小动作、内向、左右不分等。大脑的学习必须经过感觉信息的接收,大脑信息加工处理主要经历以下阶段:①注意觉醒阶段(位于脑干区)。信息选择自动化,大脑各方位都接收到信息后,由前庭进行过滤,选择当下应该注意的信息。②信息接收处理阶段(位于顶叶、颞叶、枕叶)。充分统合感觉、符号知觉、记忆、理解等对信息进行加工,大脑注意到信息后,通过大脑皮层,对信息进行加工处理。确保信息能被有效接收、理解、记忆。③计划决策阶段(位于额叶区)。大脑反复思考判断做出计划输出额叶,通过统合各个感觉信息,对当下所要专注的事情做出下一步计划。

5. 执行阶段(位于四肢、躯干、小脑区):根据大脑的决策做出说、写、做等反应,根据大脑的决策,决定人要专注于某件事情。

一个人的创造力、思维能力、记忆力、逻辑分析能力、执行力如何,本质上反映的都是其专注力水平。无论是艺术家凡·高,还是商界名人巴菲特,专注都是他们必备的"元能力"。

专注力伴随着孩子各项能力的发展,就好比一棵大树的树干,只有树干茁壮了,"创造力""思维能力""记忆力""逻辑分析能力""执行力"这五颗果实才能长得饱满。因此,对于孩子来说,专注力至关重要,伴随孩子的一生。家长应重视孩子专注力的培养。

(王大龙)

家庭和谐助力孩子成长

托尔斯泰说过,幸福的家庭都是一样的,不幸的家庭各有各的不幸。良好的家庭生活环境对孩子的成长尤为关键。在一个充满爱的家里,良好的家庭氛围、细心的生活照顾,适度的精神慰藉,会让孩子幸福感爆棚,身心就会得到健康发展。而不幸的家庭往往会让孩子身心遭受各种打击,生活千疮百孔,慢慢变得自卑、调皮、抵抗、厌学,产生破罐子破摔心理,很容易成为班级"问题学生"。在孩子成长的路上,父母要竭尽所能给孩子创设良好的家庭环境,尽量做到以下几点:

一、父母不在孩子面前吵架

父母是孩子的第一任老师,一言一行都深深影响着孩子,父母也是孩子学习的榜样,身教重于言教,父母在孩子面前吵架,情绪失控时乱摔东西,家里像战场,父母像仇人,家里没有安静和谐的环境,孩子每天神情恍惚、忧心忡忡,没有安全感,焦虑的情绪影响正常学习,是不会幸福成长的。

我们班里有个女生各方面表现都很优秀,尤其擅长绘画,可这段时间学习成绩明显下降,整天无精打采,感觉心里有事情。课间我找她谈话,她哭着诉说:"去年年底,家里迎来了新成员——小弟弟,小弟弟才八九个月大,现在回家我就要照顾弟弟,爸爸妈妈经常因为带弟弟的事情吵架,爸爸吵架会砸家里东西,他们两人都不愿意带孩子,只要我放学回家,爸爸就把弟弟抱到我怀里让我来带。"单纯的孩子有自己的想法,如果自己不带弟弟就会影响到父母的感情,为了减少父母的争吵只好默默承担带弟弟的任务,懂事的她希望多为父母分担一些,家庭就能拥有一份和睦安宁,可见孩子多想要个幸福的家。古人常说静能生慧。安静祥和的家庭氛围有助于孩子产生安全感、幸福感,进而促进孩子静下心来好好学习。

二、父母要和孩子好好说话

语言是有力量的,良言一句三冬暖,恶语伤人六月寒。父母和孩子好好说话,尊重理解孩子,信任关爱孩子,交流沟通顺畅,及时了解孩子想法,能有效帮助孩子化解心中的忧虑,促进孩子身心健康发展。

我们班里有个男生,眼睛发炎红肿睁不开,老师准备打电话给家长,好让孩子回家及时治疗。孩子却边哭边诉说:"老师你千万不要打电话,我不回家,如果打电话给妈妈,妈妈又要打我,说我是装的。上次我发烧回家就打我,说我是装的,不想上学罢了。"听完孩子的诉说,我心里真不是滋味,妈妈为什么会这样呢?孩子虽然平时比较调皮,学习有困难,可生病他是不会装的,妈妈为什么不相信自己的孩子呢?妈妈简单粗暴的语言深深刺伤了这个孩子,孩子不敢和妈妈说真话,害怕招来责骂和暴打。长此下去,亲子关系就会变得紧张,家长不能正常对孩子进行教育和帮助。聪明的家长遇到孩子的事情都会静下心来倾听,了解事情真相,选择信任支持孩子。不要事情没弄清楚就呵斥、责怪孩子,逃避自己的责任担当。看着可怜的孩子,我很是心疼,感慨孩子的妈妈给孩子的爱太少了,父母不作为,父母不好好说话,好好的孩子不能享受正常家庭对他成长的呵护,如果孩子的童年蒙上阴影,将会影响学习、抑制成长,甚至会影响孩子的一生。

三、父母要花时间多陪伴孩子

在孩子眼里,家就是整个世界,他们的要求很简单,希望得到父母的爱,希望得到父母用心的陪伴,希望全家人快乐地生活在一起。

我们班级有很多跟爷爷奶奶生活的"留守儿童",有的是父母在外打工,有的是父母离异。班级还有些学生由妈妈陪着读书,爸爸长期在外打工。老人带孩子多数比较溺爱,觉得孩子从小缺少父爱、母爱,自己想给孩子多些关爱弥补,孩子的不当要求也容易得到满足。很多时候,老人的过度保护未必对孩子的成长有益,相反,父母的参与可以更好地培养孩子的自信、独立和坚强。时常和父母共处,孩子对于世界的认识会更多元化,接受事物的速度会更快、更准。

父母要懂得,爷爷奶奶的爱与父母的爱不一样。父母应该尽量抽时间多陪陪孩子,打工的父母可以利用休息时间回到家中陪陪孩子,如果实在不便回家,可以采用电话、视频等方式和孩子及时交流,加强了解沟通。最好的教育是陪伴。陪伴有多种方式,如陪孩子尽情玩耍,陪孩子户外远足,陪孩子旅游,陪孩子看场电影,陪孩子做手工,陪孩子阅读等。诸多的陪伴就像春雨润物细无声般给孩子最好的滋养,进而构建良好的亲子关系,让父母更加了解孩子,走进孩子的内心世界,及时发现了解孩子的喜怒哀乐、喜好兴趣。班级成绩好的孩子都离不开父母的陪护,他们共同为孩子的成长制订适宜的学习计划,经济上给予支持,生活上给予关爱,学习上给予帮助,像一盏明灯温暖照亮着孩子勇敢前行。

四、父母要相信孩子,保护孩子的自尊心

著名教育家苏霍姆林斯基说过:"我们越是深入儿童的内心世界,体验他们的思想感情,就越能体会到这样一条真理,即在影响儿童内心世界时,不应该挫伤他们心灵中最敏感的一个角落——自尊心。"每个孩子都是独立的个体,在孩子成长路上,父母要给予理解、支持、接纳和尊重,要学会保护和培养孩子良好的自尊心。美国心理学家马斯洛的需求

层次理论认为每个人都有获得尊重的需要。研究发现,有良好自尊心的孩子能够愉悦地接纳自己,客观地看待自己,知道自己的优点和缺点,容易接纳自己的不足,改进自身的缺点,积极发挥自己的特长优势,努力让自己变得更好。同时,具有良好自尊心的孩子,往往更敢于在一些场合公开表达自己的意愿和想法,善于表现自己,他们不会表现出担心和羞怯,也不会因为担心失败而放弃尝试和挑战。

有一次家长会结束后,我特地找到我们班一名"学困生"的父亲,询问他在家检查孩子作业的情况。他很气恼地说:"怎么没看呢? 没有用的,讲多少遍都没有用,前面讲过后面就忘记掉了,不入脑子,教不会他。"他失望的眼神,是认定了孩子学不会,我知道是这位孩子爸爸的错,自己没有教育方法,没有足够的耐心引导帮助自己的孩子成长,这种伤孩子自尊的话可能在孩子面前讲过好多次。经常在众人面前对孩子说些抱怨、训斥、无用的话,这些话就像利剑一样,深深地刺痛了孩子的内心,孩子更加痛苦无助。连自己的爸爸都不相信他能学好,都不鼓励他,孩子的自尊心没有得到保护,就会失去自尊与自信,逐渐失去动力,就会"躺平""摆烂",逐渐成为班级"问题学生"。家长要善于鼓励孩子,当孩子表现优秀时,不吝惜赞美的语言多夸夸自己的孩子,进而保护孩子的自尊,帮助孩子树立信心,孩子就会积极阳光、健康成长。

孩子的成长需要父母精心呵护、关爱和培育。父母要和孩子共成长,追梦路上深入思考,善于学习总结,争做智慧父母,用满满的爱与责任做好孩子的引路人,营造健康、和谐的家庭环境,让他们快乐健康成长。

(杜庆芳)

父母的信任是孩子自信的基石

"妈妈,我长大想当一名作家。"

"胡说八道,现在都没有人看书了,当个穷作家,自己都养活不了,我还能指望你呀。"

"爸爸,我长大想当一名清洁工,把马路扫得干干净净,让每一个人出家门都有一个美好的环境。"

"别把你爸的脸丢尽了,你要当县长、当市长,让爸爸跟着你沾光。"

"我想当画家、音乐家!"

"怎么可能?你看你那双手,你做不到,你不是这块料,还是要专心学好数理化,走遍天下也不怕!"

每一个孩子天生自信,他们向善、向美、向上,他们觉得每一个职业都是美好的,都能绽放自己的价值,都会被欢迎。但是,我们家长却投下了反对票,家长按自己的思维划定了一些所谓的"高光"职业,为孩子规划人生,导致孩子的自信心受到打击,在不情愿中沿着家长设计的路线前进。最后一事无成,或是成就不大,家长伤心,孩子也不快乐,孩子被动、机械地运转着,犹如一枚算盘珠,拨一下,就动一下,不拨不走,甚至是"躺平"。

我有一位同事,就是一位开明的家长。他是一个大货车司机,他和其他家长一样,也希望自己的孩子将来能够出人头地,至少要比自己好,有一个稳定的工作,不像自己,成年累月在路上跑。因此,他对孩子是宽容的,认为孩子再不济都会比自己好,他要求不高,对孩子的教育就偏向于支持孩子,信任孩子,孩子说什么,他都表示支持,并且给予赞美。

有了家长的支持,孩子的自信心就足,上中学时,喜欢上了计算机。孩子妈妈担心孩子迷上电脑影响学习,父亲让孩子拿出点成绩来,孩子还真是将他应用计算机的本领展示了出来,一下子吸引住了父亲。父亲最终同意他继续学习,并报班进行提升。上大学后,孩子学的就是信息工程专业,毕业后,很轻松地应聘到一家单位,负责信息化工作。单位的信息化工作被他们几个年轻人搞出点小名堂,成为小城同行业的佼佼者,单位领导更是开明,同意他们成立一个小公司,再招几个人,为下属单位提供信息化工作服务,单位既节约了招人支出,又稳定了信息化人才。而作为他们个人,从事自己喜欢的工作,还有不错的收益,又在家门口工作,方便他们照顾家人,成了朋友圈中人人夸赞的暖男。

这位家长给我们的启示就是,我们越相信孩子,孩子就会越有自信,成长就越有动力,就越能对自己的成长做出负责的选择。当孩子能够自主选择的时候,他才会怦然心动,并且为之投入。每个孩子生来就有积极向上的力量,我们相信孩子,放手让孩子自己选择,这就是对他最好的支持。当然,孩子也可能选择错误,但是父母要做的仍然不是阻止他,如果你觉得他选错了,可能会受伤,那么就到他即将跌倒的地方等着,等着给他一个拥抱,在这个过程中,孩子也会得到成长,而且这样的成长,会让家长成为孩子更好的朋友。

父母发自内心地信任、欣赏孩子,并激励孩子,和孩子一起前进,这种无条件的信任,会成为一个孩子自信、自尊和自爱的基石,也将是他一辈子的底气。

(齐 新)

第3章　学法崇德

学法用法　爱鸟护鸟

一天下午,在市区某小区,一只受伤的小鸟趴在一个角落里,惊恐地望着路边来来往往的人。这时,小学生萌萌下楼去小区门口玩,忽然发现了这只小鸟,它扑腾了一下,却飞不起来。萌萌仔细一看,小鸟身上有几处外伤,伤口还在流血。

"小鸟是人类的好朋友,爱护小鸟,让它们在蓝天上快乐地飞翔是每一个人的责任。"这是爸爸妈妈平时常对萌萌说的话。在学校,老师和野生动植物保护专家也多次给他们讲过爱鸟护鸟的法律法规知识。想到这,萌萌立即给老师打电话,请老师联系野生动物救助组织来救治这只受伤的小鸟。很快,几位野生动物保护专家来到现场,他们仔细一看,这只受伤的小鸟竟然是国家二级保护动物小鸦鹃。专家们对受伤的小鸟做了简单处理,然后带回去做了仔细检查。检查发现,它身上的伤还是比较多的,都被羽毛盖住了。经过专业救治,这只小鸦鹃恢复良好。

笔者不禁为萌萌的做法点赞!小小年纪,就有如此强烈的爱鸟护鸟意识,并能娴熟地掌握救护小鸟的正确知识,让人称道。

鸟儿是人类的朋友,是生态系统的重要组成部分,对维持生态平衡、维持生物多样性具有不可替代的作用。在淮安,目前已统计到的鸟类有174种,这里丰富的自然资源,为这些野生鸟类提供了理想的生活、繁衍场所。让人欣喜的是,为了保护这些野生鸟类不受侵害,近年来,"爱鸟就是爱我们人类、爱我们的家园"这一理念已深入人心。在我们身边,像萌萌这样的小朋友还有许多许多,他们和他们的家长学法用法、爱鸟护鸟,共同守护好淮安的野生动物资源。然而,随着人类活动的扩张,鸟类的生存环境正面临前所未有的挑战。因此,做好爱鸟宣传,提升保护鸟类的意识,是我们每个人的责任和使命。我们要激发起社会各界特别是少年儿童对鸟类的爱护和关注。

对于孩子们来说,爱鸟,需要有爱鸟的素养。在这方面,我们的许多家长做得非常好。近年来,淮安市持续加大鸟类保护力度,人们保护鸟类的行动日益得到重视,大多数家长都是爱鸟护鸟的达人,他们教孩子爱鸟护鸟知识,和孩子一起学习有关爱鸟的诗歌,带着孩子外出观鸟赏鸟,用自己的一举一动,提升孩子爱鸟的素养。他们和学校、社会同频共振,共同培养孩子关爱鸟类、保护鸟类的意识,把"爱鸟护鸟"融入日常教育中。

笔者听说过一位名叫可可的六年级学生,他的爸爸是律师,常给他讲解鸟类科普知识和法律常识,潜移默化中,可可成了一个爱鸟护鸟小达人,经常向身边的人宣传保护鸟类的重要性,宣传人与自然和谐共生的环保理念。一年暑假,可可回农村的外婆家生活。一天,在和村庄上小伙伴玩耍时,他看到两个男孩拿着弹弓要打树上的小鸟,立即上前制止,告诉他们野生鸟类受到法律保护,不得随意伤害,否则就会受到法律的惩罚。听了可可的讲述,两个男孩子吓得赶紧把手里的弹弓扔了,表示以后要做爱鸟护鸟的孩子。

爱鸟,需要共同营造良好的社会氛围。近年来,不论是政府部门、相关单位、学校,或者公益群体,都常态化开展形式多样的爱鸟护鸟法律法规宣传活动,提醒人们关注鸟、爱护鸟,为鸟类的生存创造和谐、健康的环境,提高了广大市民保护鸟类等野生动物的意识。

　　前不久,笔者在江苏淮安市柳树湾风景区看到,由市林业技术指导站、淮安湿地与野生动植物保护协会联合开展的保护野生动物及守护候鸟迁徙主题宣传活动,吸引了众多家长和孩子参与。活动现场,主办方还带来了鸟笼、鸟网、捕鸟夹等公安机关罚没的违法工具。志愿者在向家长和孩子们宣传爱鸟护鸟知识的同时,还重点普及捕杀野生鸟类的危害和相关法律法规知识。家长和孩子们听得入了神,懂得了许多法律法规知识。听完志愿者们的讲解后,许多小朋友纷纷申请加入爱鸟护鸟的队伍,争做护鸟小卫士。

　　地球只有一个,保护地球,就是保护我们自己。地球的安宁,世界的美好,需要全社会的共同努力。让我们每一个人都像这些爱鸟达人、爱鸟卫士一样,学法用法,以关心鸟类、爱护鸟类为起点,从我做起,从身边小事做起,营造一个生态优美的环境,为维护地球家园的生态平衡贡献自己的一份力量,共同营造鸟语花香的多彩美丽的世界。

(华　少)

第 4 章　家教故事

孩子,你很棒

孩子读小学四年级,寒假作业里有几篇作文,当第一篇作文完成时,孩子兴冲冲让我检查。我粗略一读,感觉语言不太规范,用词也不准确,还有几处不该有的错别字。正有些恼火,突然传来敲门声,原来是住在一个小区的小凯同学来找孩子玩。小凯和我家孩子同班,此时心情不错,进门就说他今天的寒假作文完成了。我问小凯:"你写的作文父母检查过了吗?"小凯说:"检查过了。""父母怎么说?""父母都说写得好,比过去进步很多,如果字数写够会更好。""怎么,字数还差多少呢?""要求不低于 400 字,我只写了 300 多字。"

小凯说完,有些不好意思,又有些得意地笑了,似乎差那些字,并没影响受到的肯定,也没影响他此时的心情。看着小凯,再看看我家孩子,我一下想到了去年寒假。

去年寒假老师也布置了作文,老师要求,三年级的孩子,写作文不少于 300 字。我家孩子对着作文本咬笔杆,好不容易凑了一篇文字,先不说情节和立意,单看字数就少了三分之一。我当时大怒,厉声呵斥孩子不认真,这不是写作文,而是造长句,而且没造好,这样绝对不行,必须重写。

孩子满怀期望让我检查作文,被我一顿吼,脸上当时就委屈得挂不住了。那之后,孩子再也不让我检查寒假作业了,他害怕满心的期望之火被我的刻薄语言扑灭了。后来开学后,我看了学校老师给孩子作文的评语,都是肯定加鼓励,孩子似乎也没受到负面的影响,写作文也越来越认真。想到这一幕,再看看小凯的开心,我决定换一种思路。当天晚些时候,当孩子尽兴玩耍归家后,我拿出之前那篇作文对孩子说:"今天的作文,有一个最大的优点,就是立意好,让我们读了能感受到生活的温暖。另有一点,你全篇写了近500字,这是一个了不起的进步,说明你把很多所见所思所感写了出来。如果还有什么地方需要提高的话,就是要更用心和细心,尽量避免一些常见的错别字,用词造句也多掂量掂量,这样的作文才好读好看!"孩子听了,高兴地回答:"我知道有些地方不对,一时想不起来,又急着去外边玩,就写得随便了。不过,今后我会努力改正!"

孩子的表达让我很意外,比起去年孩子的沮丧,今年孩子阳光积极了不少。这一切,只缘于家长在对待孩子作文的评价上采取了两种不同的方式。是先看到作文的亮点,并给予适当的肯定和鼓励,再指出改进的方向?还是不问青红皂白一顿否定呵斥,让孩子感到他的文字付出没有一点可取之处,从而让孩子自尊心受损,甚至自我否定?哪种方式更积极,更利于孩子成长,更利于孩子热爱作文而不是排斥作文,从学校老师对孩子的评语,从小凯父母的姿态,从我和孩子的前后交流方式,答案是显而易见的。

之后孩子交出了另一篇写压岁钱的作文,文中没有仅仅写拿到压岁钱的快乐,而是想到今后,他长大了也要给父母发压岁钱。他写道:"压岁钱其实包含了'压祟'和'压岁'两个意思。前者是长辈对晚辈,用压岁钱去压邪祟,保佑孩子一生平安;而后者是晚辈对长辈,用压岁钱去压年岁,期盼老年人健康长寿。两者都是春节的传统习俗。"

孩子的作文让我很感慨,现在知识的来源很广,孩子们从小就懂得很多。但不管是作文还是做人,都要多肯定和鼓励,大声说出"孩子,你很棒",给予正确的人生观引导,让他们长大后成为国家的栋梁之材!

(杨 力)

第 5 章　学前教育

问题具体，沟通才有效

　　幼儿教育的重要性不言而喻，它是孩子成长过程中至关重要的一环。在这过程中，家长与老师之间的沟通、家长与孩子之间的沟通显得尤为关键。然而，现实中的沟通却常常遇到难题如何破解这一问题，提升沟通有效性，成为许多家长和老师关注的焦点。

　　每天经过幼儿园门口，你会看到接送孩子的绝大部分是爷爷奶奶，他们基本是孩子送进园、接走就完事。当然也有负责任的爷爷奶奶或者爸爸妈妈接送孩子时会问问老师孩子的表现。

　　那么，家长怎样才能做到与老师的沟通更加高效呢？

　　首先，是双方的诚意。家长和老师都应以孩子的发展为出发点，真诚地交流、沟通。

　　其次，是沟通的方式和方法。选择合适的时间、地点和方式，可以让沟通更加顺畅。

　　再次，是沟通的频率。保持适度的沟通频率，既可以满足家长的需求，又不会让老师感到压力过大。

　　最后，如何问，才是决定沟通是否有效的关键。

　　前面三点不用我多讲。下面，我们通过两个具体的事例，看看如何问，才能提高沟通的有效性。

案例一：

小哲的妈妈非常注重与老师的沟通。她会提前了解孩子班级每天的学习内容；定期与老师交流，了解小哲在幼儿园的表现。她是这样做的：

"老师好，小哲说他最喜欢玩活动区的积木，他在搭积木的时候会不会跟同学闹矛盾呀？"

"是的，小哲妈妈，小哲每天一进园就会到搭建区玩积木，他可有想象力了，会搭桥、楼房，也会为了一块积木和小朋友抢，抢不到就把别人搭好的都破坏掉。我告诉他谁先拿到，谁先用，或者可以跟小朋友商量，看看能不能给自己先用，也可以两人一起搭。现在他已经能比较好地和别人合作了。"老师说。

"还是您有方法，孩子给您添麻烦了。与人合作方面我们在家也会好好教育的。谢谢您！"

和老师通完电话，妈妈叫来小哲，摸着他的头说："小哲，老师夸你现在积木搭得好，还能和小朋友合作，太棒了！告诉妈妈，平时在幼儿园，你都会搭哪些东西呀？如果你想要的积木正好被其他小朋友拿走了，你是怎么做的呢？"

案例二：

与此相反，小小的家长在与老师沟通时，每次都问："老师，我家小小今天表现怎样呀？"

与孩子沟通时经常问：

"宝贝，今天在幼儿园开不开心？"

"有没有小朋友欺负你呀？"

…………

通过对这两个案例的比较，大家一定会发现，小哲妈妈问老师的是具体的问题，这样做，老师的回答就有指向性，不仅让妈妈清楚地了解孩子在园的表现，还传达了科学的教育方法和孩子的变化。妈妈及时叫来小哲，肯定孩子的表现，并且通过相同问题的交流，进一步巩固孩子在园已经习得的良好的与人交流的方式，让家校沟通和亲子沟通都非常有效。而小小妈妈的问题缺乏具体性，老师只能回答"乖""好""还不错"，孩子的回答也是，这样就让沟通的有效性大大降低。

如果小小妈妈想要提高沟通的效率，可以把"老师，我家小小今天表现怎样呀?"改成"老师，小小今天晨间活动的时候表现怎样?"或者"今天午饭有没有吃干净""有没有和其他孩子一起好好玩"等等。

现在，你知道"今天在幼儿园开不开心?"可以怎么问才能让你和孩子的沟通更有效了吗?

总之，家长与老师和孩子之间的有效沟通，是孩子健康成长的重要保障。让我们共同努力，为孩子的明天搭建一座沟通的桥梁。

(毕　荣)

别给孩子扣"多动症"的帽子

孩子就像天使一般降临到家庭,给家庭带来无尽的欢乐,家人为孩子的未来设计美好蓝图,对孩子的未来寄予殷切的期望。可是孩子们上了幼儿园,老师组织孩子们做游戏、听故事、绘画等活动时,个别孩子会不守纪律,会发出声音、身体乱动,甚至离开座位乱跑,这些异常行为往往会被老师告知家长:"你孩子多动,要不要带到医院检查看看是什么情况?"父母听到这话如五雷轰顶,原来活泼可爱、满眼都是优点的孩子却被老师告知有"多动"毛病,于是本能地带孩子去医院做各项检查,原本因教育内卷带来的焦虑变得更加强烈,很难接受孩子多动的事实,年轻的家长会不分场合诉说孩子有"多动症",孩子听到这些也会在心里慢慢种下这样的种子:"老师不喜欢我,我会乱动,我不守纪律……"这些负面情绪会影响到孩子在校的表现,阻碍孩子健康成长。

婴幼儿时期的孩子活泼好动,自控能力差,对周围世界充满了好奇心和求知欲,精力充沛,喜欢积极探究身边的事物。家长要知道,爱动是孩子的天性,不要总是批评孩子多动,暗示孩子有多动毛病,不要过度依靠医疗、吃药来治疗孩子的"多动"毛病。幼儿正处于大脑快速发育阶段,除保证营养均衡外,可以从平时的行为习惯上进行教育矫正,营造温馨和谐的家庭氛围。如下做法可供家长参考:

一、多夸奖孩子,给孩子种下自信的种子

父母是孩子的第一任老师,父母要给孩子创造良好的家庭氛围,和孩子多说话,和孩子好好说话,多表扬孩子,记住好孩子是夸出来的。罗森塔尔效应告诉我们："你期望什么，就会得到什么，你得到的不是你想要的，而是你期待的。"罗森塔尔还进行了一项实验，他来到一所小学挑选了学校的部分小孩，并将这些孩子的名单交予教师和校长，告诉这些教师和校长，这些孩子是"最具潜力的发展者"。几个月后，罗森塔尔对名单上的孩子进行了测试，发现这些孩子在成绩、人际交往等各个方面都较为出色。神奇的是，这些名单上的孩子并非真的与众不同，而是罗森塔尔"撒谎"随便挑选出的孩子。

家长对孩子的教育要充满信心，相信他们能发展得更好，特别是那些经常受到老师批评的孩子，家长更要舍得多花时间陪伴孩子，多赞美、夸奖、信任孩子，期待孩子的小美好。心理学研究证明，受教育者，特别是在婴幼儿时期，其对自己的了解，往往是从教育者那里得到的。在他们生活中居重要地位的老师、父母对于他们的看法和态度，就像镜子一样折射着他们的形象。家长要对孩子的未来充满期待，相信自己的孩子会越来越好，孩子就一定会有所改变，在家人们的细心照料下茁壮健康成长，变得更加出色。相反，如果你不相信孩子，一味地指责批评孩子，孩子向上飞翔的翅膀就会被折断，从而制约了孩子的发展。

二、规范孩子的行为，养成专注做事习惯

本来欢乐的家庭，因孩子"多动症"给父母添加了许多烦恼。其实我认为这些孩子的多动，往往是没有养成好的习惯造成的，家长平时在家没有耐心养育孩子，没有规范孩子的行为习惯，孩子到校一下子被上了那么多的规矩，他因不适应而行为异常、与众不同。其实这些孩子的智商往往并不低，我就碰到班级里有些多动的孩子识字量高于普通孩子，有些多动孩子的绘画水平高于普通孩子,这些多动的孩子智力发育是正常的。他是能够完成学习任务的,只是做事要看心情,有时他不想写、不愿意做,注意力易分散。

家长在陪伴孩子玩耍的过程中,要逐渐对孩子提出简单的要求,规范孩子的行为,譬如东西要轻拿轻放、用完的文具要及时归位。刚开始家长可以带着孩子一起做,从孩子的兴趣出发,让孩子做他喜欢的事情,家长要减少干涉,更不要随便打扰孩子,一会儿递杯水,一会儿送个水果,更不要大声喧闹而分散孩子的注意力,在家中要创造安静温馨的环境,养成孩子注意力集中、安静做事情的习惯。比如玩拼图时,家长可以陪伴孩子一起拼,如果孩子在过程中遇到不会或有拼错的地方,家长及时帮助和指正,让孩子尝到作品拼成功后的喜悦,体验成功,种下自信的种子,让孩子增添自己会做、自己能做好的学习信心。玩拼图结束时要求孩子收拾好物件、放回原处,养成专注做事、有始有终的好习惯。

三、和风细雨般和孩子好好说话,让孩子学会倾听

这些多动的孩子,在专注倾听方面有困难,往往老师说什么他听不清楚或者不知道是什么意思,对老师发出的指令一脸茫然。所以别人在活动的时候,他不知道要干什么,更无法来配合老师的要求积极参与,在班级里面就成了另类,这时候常常被老师批评,老师批评得越多,他就越没有信心也没有安全感,长期下去,孩子就会越来越自卑。

学会倾听,有助于孩子更好地学习,良好的倾听习惯可以提高孩子的专注力、自控力,这是幼儿良好课堂学习品质的核心要素。良好的倾听习惯不是一朝一夕养成的,在家中,父母要做孩子的榜样,不要在家乱发脾气,大呼小叫呵斥孩子,弄得孩子无所适从,父母要和孩子好好说话,父母要有

足够的耐心和爱心呵护孩子健康成长,不能一味地指责批评孩子,更不能大声训斥孩子,从孩子喜欢的事情入手,让孩子在活动中听指令、按要求完成,孩子只有听明白要求,才能按要求去完成。比如让孩子进行跑步、跳绳等活动时,让孩子数自己跑的步数、跳绳的个数,在玩耍中完成要求,让孩子集中注意力干好一件事情,培养孩子的专注力。这样孩子逐渐从达成目标中获取自信,到幼儿园就会安静倾听活动要求,渐渐地参与活动,进而他会越来越好。

四、保证充足的睡眠

孩子都是家里的宝贝,许多年轻父母贪玩,晚上玩手机、刷视频,往往很迟才入睡,孩子也养成了夜猫子的习惯。许多家长会诉苦:"我们早早上床,孩子不肯睡觉,睡不着怎么办?"想让孩子保证充足的睡眠,家长要做好表率,晚上 8:30 左右,家里要营造入睡的环境,告诉孩子要睡觉了,睡前听听故事,时间快到时家长可以关灯陪孩子一起早睡,家务事改到早上完成。不要让孩子睡前还处于亢奋状态,孩子如果有精力玩耍,晚上睡得迟,早上又要按时起床上幼儿园,长期睡眠不足会影响身体发育、智力发育。睡眠不足的孩子注意力更易分散,也易变得暴躁、易怒、爱动。

家有多动的孩子,父母要积极配合老师,坚持正面引导和训练,表扬孩子的点滴进步,用爱心、耐心、细心照料孩子的学习、生活。如此,你一定会看到孩子的改变,为孩子的进步欣喜,和孩子共成长,相信孩子会越来越好。

(杜庆芳)

亮亮的"小菜园"

"亮亮,快起来,吃过早饭后,我们一起去看看你的'小菜园',过些日子,就要翻土种菜了。"袁女士做好早饭,就来到儿子的房间。儿子正在睡觉,听到妈妈要带他去"小菜园",睡意全无,一骨碌坐了起来,穿衣、下床、洗脸、吃饭。

亮亮今年念幼儿园大班,虽然他生在城里、长在城里,可对农事却非常熟悉,麦子什么时候种、稻子什么时候收、桃树什么时候开花……他说得头头是道。幼儿园的老师和班级里的小朋友都说他是"小小农业专家"。

老师的夸奖、同学的羡慕,让亮亮的心里美美的、甜甜的。他知道,这要感谢妈妈,这是妈妈"租种"的小菜园带给他的收获。

《幼儿园工作规程》提出要萌发幼儿爱劳动的情感,在情感目标的指引下,教师和家长要有目地对孩子进行劳动教育,促进幼儿的成长和全面发展。亮亮妈妈对劳动有清晰的认知,她在帮助儿子形成良好品质方面不遗余力。

早饭后,袁女士开着车,和儿子一起来到城郊的亲戚家,他们的"小菜园"就在亲戚家门前的菜地里,有半间房子大小。去年下半年,在这小小的"菜园"里,袁女士和儿子收获了劳动的快乐,感受到劳动的价值。

袁女士在农村出生,在城里上了中学和大学,现在是一名儿科医生。在工作和生活中,有一个现象让她困惑:现在的不少孩子,包括她的儿子亮亮,四体不勤,五谷不分,不知道自己吃的粮食和蔬菜是怎么长的,从哪里来的,有的孩子把麦苗当韭菜,甚至认为花生是长在树上的。

去年六一儿童节,袁女士在电视上看到北京一所学校专门为学生开办了农场。农场里,一行行绿油油的菜苗生机勃勃。孩子们拿着水桶、铲子、耙子、毛笔,为西红柿、黄瓜等浇水、松土、除草、授粉。同学们从"学农"中感受到农作的艰辛和农民的不易,养成热爱劳动、珍爱粮食、尊重自然的良好习惯。

看完电视,袁女士有了一个想法,为了引导儿子认识大自然,从小树立劳动观念,培养劳动习惯,提高劳动能力,她要去农村"租"一个"小菜园"给儿子,作为他的劳动实践场所,让他更好地学习农事知识,全方位地健康成长。

很快,袁女士就在城郊亲戚家门前的菜地"租"了一块"小菜园",在亲戚的指导下,她和儿子利用双休日,一起除草、翻土、施肥,在一垄垄的土里,分别种上辣椒、黄瓜、茄子、西红柿等蔬菜。那是6月初的天气,阳光照在身上很热,可亮亮却热情高涨,除草时问这问那。栽苗时,亮亮认真地理好一株株苗,这是辣椒苗、这是黄瓜苗、这是茄子苗……在亲戚和妈妈的帮助下,他小心地栽进土里,然后再浇上一些水。很快,亮亮的脸上全是汗水,他用小手一擦,手上的泥土沾满了脸,惹得大家哈哈大笑。袁女士赶紧用手机拍下了这难忘的一幕,作为儿子成长的记录。

蔬菜苗栽下后,亮亮累得连一步路都不想走。夕阳西下,袁女士对儿子说:"这就是你的'小菜园',以后还要经常来管理,才能有收获的那一天。"

自从有了这个"小菜园",每到休息日,袁女士都会带着儿子来给蔬菜施肥、浇水、松土、除草。看着每一种蔬菜渐渐地长大、挂果,亮亮的脸上满是惊奇和开心。蔬菜陆续到了采摘的时候,袁女士和儿子把采摘来的蔬菜做成西红柿炒蛋、凉拌黄瓜、青椒炒茄子等一盘盘美食,请亲戚和朋友品尝。亮亮自豪地对大家说,这是他种的蔬菜。"小菜园"的劳动,让亮亮收获了很多,也成长了很多。他常对妈妈说:"农民伯伯种地真辛苦,他们种的每一粒粮、每一棵菜都不容易。我们要懂得珍惜。"

又一个春天来临,袁女士和亮亮再次来到"小菜园",经过一个冬天的风吹日晒、雨打雪盖,菜园里有一些荒芜。"来,我们开始动手劳动!"袁女士从亲戚家拿来工具,对儿子说:"经过我们一番劳作,用不了多久,这'小菜园'里一定又是生机勃勃的景象,一定又能收获满满。"

袁女士的做法,值得广大的幼儿家长学习。培养幼儿的劳动意识,意义重大。第一,可以让幼儿在日常的看电视、玩手机、阅读、做游戏等常规活动之外,锻炼和提高身体素质,让身体变得棒棒的。第二,可以促进幼儿的认知能力的发展,学会认识农作物及各种种植、田间管理等知识,这些能力对幼儿的未来发展非常重要。第三,孩子可以学会自我管理,提高生活能力。另外,劳动还可以增加幼儿自信心,增进亲子关系,培养耐心和专注力,锻炼孩子的手眼协调能力,等等,好处多多。

孩子在苦与累中了解了劳动的不易,也能够理解成人在做这些事情时候的辛苦,在尊重劳动成果的同时,提高了共情能力。家长可以根据孩子不同年龄段的特点制订不同的劳动计划,不断提高孩子各项能力,引导其进行一些力所能及的劳动,培养孩子良好的劳动习惯,增强孩子与家人之间的感情联系,促进孩子健康快乐成长。

(小　华)

第6章 家庭生活

人生需要风和雨

阳阳是个阳光帅气的6岁小男孩,尤其是那双大眼睛,黑亮如晨星,闪耀着聪慧的光芒。阳阳确实聪明,学啥都比别的小朋友快。就说下军棋吧,孩子们都下不过他。但是,和爸爸妈妈对弈,他就有些吃力了。

这天,阳阳又和妈妈摆开了棋盘。开头还好,母子俩"杀"得不亦乐乎,我吃了你的军长,你吞了我的师长。可是,渐渐地,阳阳有些落下风了,眼看着自己仅剩的一个旅长也被妈妈吃了,阳阳的小脸上浮起了一片乌云。

妈妈看在眼里,心中浮起一丝怜悯,然而妈妈咬了咬嘴唇还是寸步不让,"痛下杀手",又吃了阳阳的一个团长。

眼看着败局已定,阳阳的小嘴撇了几下,小脸涨得通红,终于眼泪落了下来,哭声接踵而至:"哇……"

阳阳哭了一会儿,妈妈才把他拥进怀里,开始对他讲道理:"阳阳,你喜欢赢,有好胜心是很好的,妈妈很高兴。但是

'人外有人,天外有天',一个人再聪明,也会遇到比他更厉害的人。那输了也不要紧呀,我们可以认真向他学习呀,这样我们不就进步了吗?不也就越来越厉害了吗?你说是不是?"

听着妈妈的话,阳阳的情绪渐渐平息下来,觉得妈妈说得有道理。

"下棋也是这个道理,输了你向爸爸妈妈学就行了,越学越厉害,只要肯动脑筋,总有一天你会打败爸爸妈妈的。再说,你那么小,棋艺已经那么厉害,已经很了不得了。"妈妈一边说一边还对阳阳竖起了大拇指,阳阳的小脸上绽开了灿烂的笑容。

妈妈趁热打铁:"那我们说好了,以后一定要赢得起输得起,输了可不能再哭鼻子了,那可不是男子汉。输有时候比赢更有利于我们长本事呢。你能明白吗?"

"嗯,能明白。"阳阳脆生生地答应着,妈妈却总觉得这道理讲得不够深入。因为这样的情形已经出现过好几次了,每一次阳阳都是答应得好,却始终改不了。然而妈妈一时又想不出更好的方法,不禁陷入了沉思。

几天过去了,这一天妈妈在外面办完事回来,无意中抬头发现,小区中一棵高高的树上,两只小鸟衔着长长的小树枝,正在搭鸟巢。妈妈很喜欢这些小动物,就停下了脚步饶有兴致地观赏起来。

可恨的是风很大,老是把小鸟们的树枝吹落到地面。可是小鸟们并不放弃,它们又去衔那些比它们身体长了好多的树枝。

妈妈看着辛苦的小鸟,不禁心生疑惑:"这些小东西为什么选择这样恶劣的天气搭鸟巢呢?不但风大,云层也很厚,黑沉沉的，眼看就要下雨了。"妈妈的求知欲很强，她打开手机就搜索起来。一看之下，不由眼前一亮，仿佛醍醐灌顶。她快步往家走去，刚打开家门就高声喊了起来："阳阳快来，妈妈带你去看小鸟盖房子。"

"看小鸟！"动物迷阳阳一听，眼睛立刻闪亮了，他飞快地奔了过来。

还好，当妈妈带着阳阳赶到大树下的时候，小鸟们还在忙碌。恰巧一阵劲风把小鸟们刚搭上去的枝条又吹落在地上，还翻卷着打了两个圈。阳阳忍不住叹了口气："这风真讨厌！"小鸟们却顾不上怨恨，又扑棱着小翅膀去衔树枝了。

可是，风太可恶了，左一次右一次把小鸟搭上去的树枝吹落下来。天也越发黑了，眼看着就要下雨。阳阳急得两只脚不停蹦跳着，恨不能蹦到树上去帮小鸟。

看着阳阳焦急的小模样，妈妈觉得火候到了，就蹲下身子，搂着阳阳的肩膀轻声对他说："阳阳，小鸟们盖房子辛苦吧？"

"嗯，真是太辛苦了。它们是不是脑袋太小，所以笨呀？为什么不选一个风小点又不会下雨的时间盖房子呢？"阳阳皱着眉头有些担心又有些恨铁不成钢地说。

"它们是专门选择这样恶劣天气的，它们想要风也想要雨。"

"什么？专门选择的？想要风也想要雨？"阳阳叫起来，大眼睛睁得溜溜圆，里面的疑问都要漫出来了。

"是的！"妈妈加重了语气，"因为在风雨中建起来的房子,经过了风吹雨打,更坚固。"

"经过了风吹雨打,更坚固。"阳阳若有所思地念叨着妈妈的话,突然大眼睛闪亮起来,"妈妈,我懂了,小鸟儿好聪明啊!"

"哈哈,我们阳阳也很聪明呀,妈妈一说就懂了。"妈妈笑起来,进一步给阳阳讲道理,"我们人和鸟儿是一样的,我们也需要风和雨。比如说孩子的成长吧,遭遇一些困难、失败是好事,它们就是风和雨呀,经过它们的锤炼,孩子会长得更茁壮。"

阳阳认真地听着,最后,他笑了:"怪不得你们每次下棋都不肯让我,怪不得你们总是说要赢得起也输得起呢。"

"明白了就好,以后要牢牢记着哟。"妈妈抚摸着阳阳的头叮嘱道,又指着树上的鸟儿说,"看,它们还在耐心地打造自己的安乐窝呢,真了不起!"

阳阳仰起了小脸看向鸟儿,一脸的笑容中,没有了担心,取而代之的是隐隐的崇拜,"我要向小鸟学习!"阳阳突然大声说,像是在宣誓。

"好儿子!"妈妈激动得一下子就抱起了阳阳,在他的大脑门上印上了一个吻。

(洪 坤)

小外孙的监督权

"妈妈,呦,你看——"

小外孙一脸严肃,在妈妈耳边低语。女儿此时正窝在蛋壳形落地式的呢绒沙发里全神贯注地刷着短视频。

"妈妈,你看那是什么?你又犯了第三条啦!"

见妈妈没回应,小外孙又把声音提高了几个分贝,更加明确地提醒。女儿这才反应过来,顺着小外孙的手指方向看去,于是,赶紧关了视频,放下手机,连声说:"宝贝,妈妈知道了!"

小外孙指给妈妈看的,是那张刚贴上墙不久的"妈妈自我管理十条"。其中第三条:手机只用来接打电话,不准刷视频和玩游戏。

自从一个多月前娘儿仨各自的"自我管理十条"上墙,女儿作为母亲,竟然几次犯规,总是下意识打开手机刷起短视频,一刷就把自己和孩子约定的自我管理忘记了。每当这时,小外孙便先观察一下,确定妈妈不是打电话而是在刷视频,才郑重地"警告"妈妈触犯了条规。这是孩子第四次提醒她了。女儿在视频电话里告诉我,说今天又被孩子"监督"了,女儿说完哈哈一笑,感觉有点不好意思。女儿继续说道,昨天她的花卡不知放哪儿了,到处找不见,小外孙见妈妈着急的样子,一边替妈妈寻找,一边说:"妈妈,物归原处很重要。"女儿听了感觉好笑,又感觉自愧。自己亲自制订的"自我管理十条",自己没有带头执行,没有以身作则,竟然还得孩子时时提醒。可见,制度好定,执行难。女儿总是自己犯规。特别是玩手机这一项，女儿稍不留神就被孩子抓个现行。就在几天前，两个孩子趁妈妈午睡偷玩手机被发现，女儿很生气，拿来早已备好的戒尺，准备好好惩戒他们。谁知，兄弟俩异口同声地说："妈妈，你没有权利打我们！你玩手机已被我们发现好几次了！"女儿自知理亏，不得不先打自己十戒尺。

女儿说，我得好好反思一下自己，控制住手机依赖症，给孩子做好榜样，坚决严格执行自己和孩子们一起制定的"自我管理十条"。

去年9月，小外孙满六周岁，上了一年级。初入笼子，小外孙很不适应，回家总说老师管得太多啦，什么不给随便喝水啦，不给随便上厕所啦，不给随便讲话啦，老师真烦人。女儿这时总是耐心地解释说，你不是幼儿园的小朋友了，而是一年级的小学生了。小学生就要遵守学校里的一切规定，听老师的话。小外孙似懂非懂地点点头。然后，又很不情愿地去做作业。完成作业后，又提出要玩手机，打会儿游戏。

老实说，女儿起初在这方面还真没怎么在意，对两个孩子玩手机这事没限制过。因此导致大的（我的大外孙。女儿把两个孩子称为"大的"和"小的"）如今上了中学了，依然对手机很迷恋。每天放学回家，总是找出各种理由和借口要手机，要去之后偷偷地刷视频或打游戏。特别是做作业时，动不动就把手机要去，说是查学习资料。每当这时，女儿感觉很为难，想不给手机吧，他说是查资料的，理由很充分，不给似乎不合理；给吧，孩子会养成

对手机的高度依赖。不给手机,作业就做不下去;给了手机,作业同样完成不好。大外孙天资很好,可是,心思都用在手机上了,学业很一般。老师总是打电话给女儿,要求她多多关心孩子的学习,不然孩子就毁了。

现在小外孙也上了一年级了,放学回家就想要手机玩。女儿很为他们玩手机而苦恼。大的因为手机玩得太多,已经严重影响到他的学习了,如今上了初中还沉溺于手机里的短视频或游戏,后果真的很严重。想戒掉大外孙的手机瘾,有点难。现在,绝不能再让小外孙也沉溺在手机游戏里,必须想办法让孩子远离手机。

女儿通过电话和我多次交流两个孩子对手机依赖的烦恼。我说,要让孩子远离手机,你自己必须先远离手机。当然这个"远离"不是绝对的,现在是"地球村"时代,成年人都离不开手机,必要的联系要用手机,除此之外,你首先严格控制好你自己,自己先做到不刷短视频或打游戏。如果需要在网上购物,先跟孩子声明,征得孩子同意且在孩子能见得到的地方操作。

女儿想先约束一下自己,给自己一个规定,于是便有了"妈妈自我管理十条"。后来,我建议,给两个孩子也分别来个"自我管理十条"。女儿起草好初稿,发给我看,让我提点建议。我稍做修改,又发给了她。女儿又到附近的广告公司,把三份"自我管理十条"制作成像机关单位办公室里的制度匾额一样,贴在两个孩子的学习空间上方,天天一抬头就能看到。

张贴上墙的那天晚上,女儿把两个孩子都叫到三份"自我管理十条"下,每个人都默记关于自己的条规。小外孙刚上一年级,有一些字不认识,女儿便一条一条读给他听。小外孙的记性特别好，一会就记住了，连妈妈的"自我管理十条"也能一一背出来。

三份"自我管理十条"出台以后，还真的起了不小作用。作用最大的是，两个孩子都不要手机了，特别是小外孙执行十条的情况最好，不但自己不要手机，不玩手机，连妈妈玩手机也随时随地监督。

小外孙有了监督权，管好自己又管了妈妈，哥哥呢，自然也不再要手机了，每天安心地做作业，现在也有了进步。两个孩子的变化让女儿很开心。

（唐景富）

第7章 灯下夜话

屡败屡战的孩子

美国卓越的科学家富兰克林从小就聪明,有主见,是孩子们公推的"头儿"。然而,这位"小首领"的稚气有时却将伙伴们带入窘境。

在镇上的水磨附近,有一片沼泽,当水多时,孩子们常常在沼泽边钓鲦鱼。日子一长,孩子们站的地方被踩成了一片烂泥地。富兰克林便向小伙伴建议,要修筑一个便于站立的坞台。建筑材料,可以用堆在不远处的石块。但那些石块是别人用于盖房子的,孩子们都知道。但在兴头上,全然没有理会这一点,他们在富兰克林的带领下,把石块一块块搬过来,垒起来……

第二天一早,盖房子的工人们发现一堆石块不见了,大吃一惊,四处寻找才发现好些石块已变成了一座钓鱼台……富兰克林向父亲辩解说这是一桩有益的事,父亲却教训他说,不诚实的事是不会有益的!

天资聪颖的小富兰克林在学校读书不到一年,便从初入学时的中等生跃升为全年级之冠,并提前升入二年级。

可是,就在所有人都纷纷称赞富兰克林一定会走读书成才之路时,父亲却狠心地让儿子停了学。因为家庭负担沉重，他实在无法支付儿子上学的高昂费用。小富兰克林只好辍学回家，帮助父亲用牛油制作肥皂和蜡烛。

时光荏苒，转眼间小富兰克林已在父亲的店中工作了两年。小富兰克林不喜欢干这一行，这让父亲十分烦恼。父亲常带着他出去散步，到细木匠、泥瓦匠、镟工、铜匠铺去串门，看他们做活，还打发儿子学过一段时间的制刀。这些经历，使富兰克林拥有极强的动手能力，并在家里做过一些小小的机械试验。

辍学后，小富兰克林仍抓紧工余时间自学，他把父亲的大部分藏书都读了一遍，并把自己的一点零花钱都花在买书上。见此，父亲终于决定让小儿子成为一名印刷工匠。富兰克林虽然一直热望着能去航海，但比起制作肥皂、蜡烛，他更喜欢印刷业。因而在抗拒了一段时间后，富兰克林服从了父亲的安排，到哥哥詹姆士的印刷所当起了学徒工。

印刷所的环境让富兰克林读书更加方便，他常在晚间向人借书，如饥似渴地学习。这期间他曾在哥哥的怂恿下尝试着写诗，一首题为《灯塔的悲剧》的诗，叙述了一位名叫华萨雷的船长和他的两个女儿沉船遇难的真实故事；另一首是《水手之歌》，讲述的是海盗就擒的故事。哥哥詹姆士将这两首诗印了出来，叫弟弟去沿街兜售，结果《灯塔的悲剧》销路很好。

正当小富兰克林沾沾自喜的时候，父亲却出来阻止他，父亲挖苦了儿子的诗句，并告诉儿子：作诗的人一般都是乞丐。

多年以后，富兰克林承认自己那两首诗的格调低下，若真的去写诗,一定会是个"十分拙劣的诗人"。

不过,对富兰克林一生具有重大意义的散文写作也始于这时期,这恰恰又大大得益于父亲的指点和鼓励。那是因为富兰克林与小伙伴约翰、柯林斯的一场辩论。到了分手的时候,双方意犹未尽,于是他们就用书信继续这场辩论。富兰克林的父亲无意中看到儿子的信稿,告诉儿子说,他的拼法和标点胜过了对方,但在修辞和条理方面却相形见绌,需要提高。

16岁那年,富兰克林偶然读到一本宣传素食的书便决定实行素食。他每顿饭仅以一块饼干、一片面包、一把葡萄干和一块果馅饼加一杯清水充饥。每到吃饭的时间,詹姆士和其他人离开印刷所后,富兰克林草草吃过东西,便利用剩下来的时间读书。

就是在当学徒的这段时期里,富兰克林学了航海、几何。此后不久,他买了一部《苏格拉底回忆录》加以研读。从此,他放弃了自己生硬反驳和武断议论的辩论方式。

就这样,仅仅上过两年学的少年富兰克林在早早地当起了学徒去挣自己的面包的同时,以非凡的求知欲和刻苦精神,吸取着文化知识的养分,不自觉地为未来作为科学家、思想家和外交家的生涯,架设了最初的牢固的阶梯。

(庄　斌　陈彬铨)

慢下来，享受有"质感"的生活

与其每天匆匆忙忙地过着那种有"量"无"质"的生活，不如静下心来，慢慢地享受一种既有"量"又有"质"的生活。

在一个忙碌的早晨，我正在厨房忙活早餐，女儿突然兴奋地跑进来，告诉我她的新发现："妈妈你快看啊，三叶草睡醒啦！昨晚睡得可早啦！"一边说，一边把我往外拽。

她的眼中，闪烁着对生活的热爱和好奇。我正想说，妈妈忙着呢，可还没等我说出口，便被她拉着到了小院。"妈妈，你看这株一定是昨晚做了美梦的，叶子开得这么大啊！这株呢，是不是昨晚又一直在玩耍呢，累了，不愿起床呢！"我被她逗得笑了起来。捏捏她的小鼻子说："你真是爱观察，妈妈真的还没在意，我们得赶紧吃早餐，要去上学了。"一边说，一边直奔厨房。

我忙着摆碗、拿面包，而女儿则在一旁注视着我。我剥着鸡蛋，她又开始和我讨价还价，不想吃鸡蛋黄。我深吸一口气，蹲下身子，温柔地告诉她："宝宝，我知道你不爱吃蛋黄，我以前也不爱吃蛋黄，但是它有营养。"她的大眼睛望着我，带着疑惑和不解。"妈妈，那你现在为什么爱吃鸡蛋呢？就因为有营养，不喜欢也必须吃吗？"我微笑地告诉她："对啊，我们不能因为不喜欢吃就放弃，因为我们的身体需要各种营养。""妈妈，那我一点点吃下去吧，你不要着急哟！"我点了点头。虽然心里已是十分着急，算了一下，十分钟的路程，刚好可以到学校。

上学路上，她又兴奋地跟我说："妈妈，你听我说就可以了,专心开车不要到处看啊!""好啊,你又想说什么呢?"我问道。她说:"妈妈,你看,那里有几头黄牛在吃草,旁边应该是牛妈妈吧?牛妈妈怎么不吃呢?哦,是不是在等孩子们吃完后再吃呢?"她的话语充满了童真和想象,我笑着回应她:"可能是吧!牛妈妈可能也在看着我们呢!"接着,她开始背诵那首熟悉的诗:"牧童骑黄牛,歌声振林樾……"她的声音清脆,充满了喜悦之情。我着急赶路的心,也随之渐渐放松了下来,享受着这份来自生活的宁静和美好。

到了学校,她挥手微笑着和我告别,还不忘叮嘱我一句:"妈妈,你别着急啊!"我看着她走进校门,心中满是感慨。

的确,在我们大人的眼中,只有生活和工作。确切地说,大部分时间和精力专注于挣钱和维持一家人的衣食住行。而在孩子的眼中,除了生活本身之外,还有许多乐趣。我们每天奔忙在上下班的路上,却未曾认真欣赏过路上的风景,似乎动作越快,收益就越大;数量越多,挣钱就越多似的。结果呢,每天都在过着只有数量没有质量的生活。

虽然凡事动作快一点,确实能提高我们工作和生活的效率,能给我们带来更多的眼前利益,但有时也可能给我们带来一生无法弥补的遗憾。因为,既快又好,是我们普通人难以企及的境界。在大多数情况下,忙中出错,才是生活的常态。

记得有一天,上了幼儿园的女儿放学回来后,急切地拉着我走进卧室,要我播放我和她爸爸结婚时的视频。她说,幼儿园的好朋友在家里看到了她爸妈结婚时的好多照片。因此,女儿也要看我们的。一听她这样说,我却无语了。心里空落落的,满是遗憾。

我和老公是同学,因刚参加工作不久,代的又是毕业班的课程,任务重,压力也大。我们只向学校请了一天假,加之周末的两天,我们决定用三天时间办婚事。

当天晚上,我们就来到婚纱店,老板有些意外:"结婚可是人生中的大事,哪能这么急呢?婚纱照一定要好好拍一套啊!"可是时间那么紧迫,成套的三两天拍不下来。我们当即决定就拍一张大的,再拍几张小照片。当时,我还自我安慰:等到明年"五一"假期的时候,再去补拍一套。这样想着,心里也就舒服多了。

因为我家住在乡下,离镇上有近二十公里的路程,离市里就更远了。为了图方便、省时间,我直接把请化妆师的事情也给省了,让表妹做起了临时化妆师。婚礼就在老公的老家举行,进门的时间定在八点,路程还得一个多小时。为了赶时间,我四点多就起床梳妆打扮。

我们那边有个风俗,就是女儿嫁出娘家门时,要由家人背着跨火盆,预示着今后的日子红红火火。早上六点多,一切准备就绪。弟弟蹲下身来等着背我,我一低头,眼镜掉地上了。这时,我才想起来,这么大喜的日子,哪能戴着眼镜影响自己的形象呢?匆忙之中,我去拿包里提前准备的隐形眼镜。因为前一天忙着,没有尝试佩戴,我费了好大劲儿,才戴上。等我坐上车静下来时,才发觉右眼总是迷迷糊糊的。原来那只小镜片,可能在我洗手的时候,不小心冲掉了。我生命中最重要的一天,也就在这种"模模糊糊"中度过了!

有些事情错过了,还有弥补的机会,而有些事情,如果错过了,就再也没有机会去弥补了。就像当初我们准备来年"五一"去补拍婚纱照,可过了结婚的那个时间段,就再也没

第7章 灯下夜话

有那种兴致去拍了。我这人生中的一件大事,也就在这匆忙之间,不了了之了。

早知如此,当初何必那么着急呢?为何不能花点时间,慢慢地把和结婚相关的事都准备好了,再去享受那段结婚前的愉悦感呢?为何不多请几天假,好好请个化妆师让自己结婚那天美美的,多给自己拍一些照片,用来回忆结婚时的美好时光呢?

如果当年我们的准备足够充分,并且通过视频和照片记录下我们那场盛大的婚礼,那么,若干年后的今天,当孩子问我要照片时,我也可以在一个午后的时光里,陪着孩子慢慢地欣赏着那些美好的画面,和孩子一起,慢慢翻看着我和她爸爸结婚时的美好时光。可此时此刻,除了脑海中那些残存的、模糊的记忆之外,再也没有其他具体的东西可以回味了!我能够告诉孩子的,唯有碎片化的、苍白无力的回忆。

每当我看着别人举行婚礼,视频中播放着一张张照片时,内心总会激动不已。其实,只有我自己知道,在这种激动的情绪中,隐藏着我隐隐约约的羡慕。每当看完别人盛大的婚礼视频,我总有一种怅然若失之感。是的,我欠自己一个长长的假期,欠自己一个精心准备的、隆重的婚礼!

事后想想,我之所以会为自己的人生留下这一遗憾,就是因为自己当年太心急。这不能怪别人,只能怪自己没能像女儿所说的那样"慢一点",为自己的人生留下这个无法弥补的遗憾。

除此之外,我的人生中,还有一件特别重要的事情,也是因为我心太急,而留下了一个无法弥补的遗憾。现在每当想起来,依然觉得特别后悔。

有一次,为了尽快评上职称,我不惜熬夜加班准备论文资料。快到凌晨的时候,我想到一本与论文相关的书籍,立即起身走进客厅,快速地在书架上翻找。也就是在这不停的翻找中,一不小心碰倒了那个对我来说意义非凡的奖杯。只听见"砰"的一声,奖杯在我眼前碎了。顿时,我愣在那里,有一种欲哭无泪的感觉。

那是我第一次参加课堂教学大赛时,获奖得到的一个奖杯。我把它放在客厅的壁柜上,和许多书籍放在一起。一直以来,它对我来说,既是一个奖杯,又是一座灯塔,一直激励着我在工作中稳步前行。

那时那刻,惊呆在原地的我,眼前出现了三年前参赛时自己努力备课、上课的身影:为了一个课堂开头的设计,我和同事们前后商讨了十多次;为了能在课堂上展现出最好的教学状态,周末我把自己关在房间里,用手机一遍又一遍地给自己录视频,看回放,再不断地修正。最长的一次,从早上六点一直忙到晚上十二点。功夫不负有心人,最终我在那次区里的比赛中,荣获了一等奖。当上台领奖的那一刻,我激动得手不停地在颤抖……

我擦了擦不知什么时候流出眼角的泪水,一块块拼凑着已经破成了三小块的"一等奖"奖杯。我用手轻轻地抚摸着它,如同抚摸着自己受伤的孩子。而那字与字之间两道破损的裂缝,就像两根弯曲的细铁丝,深深地扎在我的心上。一抬头,看见窗外的月亮已经西斜。我直起身来,伫立在窗前,眼神空洞地眺望远方,心里久久难以平静。

当我回过神来,远远地看着那柔美的月光时,不禁由衷地感叹:今晚的月亮真美!是呀,只要我们把心慢下来、静下来,就会觉得身边的一草一木、一人一物,都那么美。正如天上的月亮,其实它每天都那么美,只是我把日子过得太着急太匆忙,没能静下心来,好好地去欣赏它的美。幸好,即便我错过了月亮往日的美,也还有机会欣赏它未来的美。可是,今晚因为我心急而打碎的奖杯,却再也无法复旧如新了。还有那些因为我心急,而为自己的人生留下的一个个遗憾,也无法再去弥补了。

人生中,的确有很多事情需要做,但是我们可以慢慢地去做。慢慢地做,也同样可以达到某种人生目标;同样也能体现自己生命的意义。正如丁立梅所说:"活着的最好态度,原不是马不停蹄一路飞奔,而是不辜负。不辜负身边每一场花开,不辜负身边一点一滴的拥有,用心地去欣赏,去热爱,去感恩。每时,每刻。"

的确,我们这些自以为是的成年人,真的应该向孩子们学习:凡事"慢一点"。生活,原本不需要那么匆忙。因为生命的意义在于过程,而不是急功近利,一味地追求某一种功利性的结果。

是呀!今天女儿不经意的一句话,像当头一棒,突然敲醒了我,让我此时此刻,能耐着性子,安安静静地坐下来,认认真真地反思自己过往的生活。是的,生活原本可以如我女儿所说,可以慢一点。不必每天那么着急忙慌,疲于奔命。我们完全可以慢一点,再慢一点。慢慢地读一本书,慢慢地喝一杯茶,慢慢地爱一个人,慢慢地经营一个家庭,慢慢地欣赏孩子的嬉闹,慢慢地听父母的唠叨。这些,虽然需要"花费"我们很多的时间,但却能让我们在这种"慢时光"中,静静地享受到有"质感"的幸福和满足。

　　的确，与其每天匆匆忙忙地过着那种有"量"无"质"的生活，不如静下心来，慢慢地享受一种既有"量"又有"质"的生活。确切地说，是享受一种既有质量，又有"质感"的生活。

（张大丽）

第 7 章 灯下夜话

第8章　家教文萃

强扭的瓜不甜

父母的主张、建议和要求，如果孩子不需要、不认同，或是不情愿，就尽量不要强迫他接受，不要硬逼着孩子去做他不想做的事。

无论是吃饭、穿衣、睡觉，还是学习、训练、做家务，即便父母认为是正确的，是孩子应该做的事，如果不能让他认同和接受，不能变成孩子的自觉行为，只是凭借父母的权威，生硬地强迫孩子去做，那样一定是不合适、不妥当的，效果也自然不会好。

要知道，被逼着做事的过程，就可能是孩子消极应付的过程，不但事情难以做好，还容易引起他更大的反感和抵触，甚至还会影响到亲子关系，影响到孩子的学习和进步，实在是得不偿失。

当然，在孩子表现出信心不足、缺乏耐心，或是不够努力时，做父母的，的确有必要逼一下他。

但那不应成为教育的常态。

教育的常态,应该是尊重和宽容,是因势利导,是顺势而为。

顺势,就是要顺应儿童身心发展特点的势,顺应教育规律的势,是以孩子愿意接受的方式影响并引导孩子,是顺应孩子内在成长的秩序和节奏,是要把父母的主张变成孩子的自觉行为,而不是使蛮力,不是生硬地"强按牛头喝水"。

毕竟,强扭的瓜不甜。

(廉福录)

珍惜时间

　　要让孩子懂得时间对于每个人都是公平的,是每一个人最易拥有、也最易失去的宝贵的个人资源。

　　世上只有一个时间最重要,那就是现在。年幼的孩子,哪知道时间会一分一秒地流失,因此父母要有意识地给孩子讲时间的宝贵,培养孩子养成珍惜时间的良好行为和习惯,告诉孩子浪费时间是最容易的事。

　　一些孩子不守时,不懂得珍惜时间,往往与父母的教育引导有很大关系。有的孩子爱玩、爱吃、爱上网等,他们没有时间观念,一些父母也很随意、很放任。

合理安排时间,高效利用时间,培养孩子对时间的遵从,增强孩子的守时意识,养成惜时的习惯很重要。特别是一些在校学生,家长更要引导他们,不要让自己处在被动应付之中,不要为课业任务重、休息时间少而紧张和苦恼。要让他们订出计划,分清轻重缓急,进行科学的合理安排,做时间的主人。这样不仅不会浪费时间,而且还会节约时间。要学会整合时间,利用零零碎碎的时间,去做自己应该做的事情。

　　不要小看"时间"二字,它对一个人能否健康成长,能否成人、成才、成事,有着非同一般的作用。

(柳怀玉)

第9章 忘年文苑

隙中窥书

都说"三岁看老",我从小就不是一个安分省心的孩子,用大人的话来说,就是"猴子的屁股——坐不住"。到了上学年龄,困于课堂更令我如坐针毡,为了打发冗长的四十五分钟,我在桌肚内塞一本《说唐》或《说岳》,一手托着腮帮,装模作样认真听课,一边垂下眼睑,瞄一眼、再瞄一眼,以"一目十行"的速度,匆匆抢读。

白天看书,犹自不过瘾。夜间,在自家老宅阁楼上温书之际,还不忘忙里偷闲翻上几页。在那个"学好数理化,走遍天下都不怕"的年代,家长极其反对孩子读闲书,怕耽误了正经学业。知女莫若母,我的母亲经常悄然上楼搞"突击抽查",好在上楼的扶梯上了年岁,稍一触碰便发出"吱嘎——"的声响,我听到"报警声",迅速将书塞进抽屉,几番"斗智斗勇",均以她"无功而返"告终。

汪曾祺在《四方食事》中说道:"一个人的口味要宽一点、杂一点""南甜北咸东辣西酸",都去尝尝。对待吃食尚如此,对待读书也应如是。我看书很杂,经史子集,几乎无不涉猎,上溯诸子百家,下至武侠小说,甚至连医药书《本草纲目》《千金方》均染指一二。较之"两耳不闻窗外事,一心只读圣贤书"的同龄人,我算得上博闻强识。

西汉有一寒门学子匡衡,他少年时因家贫买不起灯油,于是,在墙上凿出一个小孔,借着从邻居家"偷"来的一束微弱光线夤夜苦读。两千年前的少年匡衡"偷"的是缝隙中的灯光,两千年后的我"偷"的则是缝隙中的时光。

我上班后的第一份工作,是在某机关秘书处当文职,一张报、一杯茶,从"朝九"挨到"晚五",闲到发慌。为了消遣时光,我从家里搬了一堆书到办公室,阳春白雪如文学大家汪曾祺、王鼎钧之作品集,下里巴人有《碧甃沉》《明朝那些事》等网络小说,用上班时间看闲书,颇有隋末李密"牛角挂书"的情操。

俗话说:"熟读唐诗三百首,不会作诗也会吟。"终于有一天,我在电脑前敲出了一篇读书随笔,投给本地报纸的副刊。庆幸的是,隔了几天,我在收发报纸之际,看到自己的文字被赫然印成了铅字刊登在副刊头条。那一刻,掺杂着惊喜、满足、虚荣……各种滋味,给了我不小的鼓励。尝到甜头后,我接二连三写稿、投递。短短几年,从一名普通写手跻身专栏作者。随着约稿量骤增和约稿范围拓宽,我不得不读一些枯燥乏味的专业书籍,比如,撰写人文地理稿时,我须得专程去图书馆、档案室查阅大量方志、史籍,这是一个"自讨苦吃"的差事。

可写作如"逆水行舟,不进则退"。为了不辜负编辑老师的厚爱,写出质量更高的稿子,我也强迫自己不停地读书。我经常用书籍是进步的阶梯、书籍是知识的海洋、书籍是灵感的源泉来勉励自己;我也常把自己比作田地里耕耘的老农,一天不下地,就少一顿饭吃;把自己当成流水线上的操作工,请一天假,就少一天工资,以此来鞭策自己。

可作为一名普通上班族,除了白天固定的"蹲班"时间,即便晚上回到家中,亦有生活琐事等羁绊。鲁迅先生说:时间就像海绵里的水,只要愿挤,总还是有的。毛主席也曾说:学习可以想法子解决。一个法子叫作挤,用挤来对付忙。

毛泽东少年时,白天和长工们一起干活,夜间躲在被窝里看书,被煤油灯熏得满脸乌黑,仍乐此不疲;长征途中,大部队原地休息之际,他翻开手中书,见缝插针看起来;疟疾发作,被抬在担架上去参会,仍手不释卷。即便革命胜利后,他的床铺上仍一半堆满了书。天才和伟人尚如此,何况我等凡夫俗子!

于是,我利用午休、上下班乘坐地铁间隙读书。记得有一次加班到很晚,我坐在地铁上刷手机看电子书。一不留神,滑到底站,只能返回重坐,来来回回坐了好几趟。直至错过最后一趟末班车,无奈之下,只能出站,打车回家。

我怀念少年时"隙中窥书"的岁月,它让我体验到读书的乐趣,在内卷如此严重的今天,我能靠笔杆子混口饭吃,在众多求职竞争者中脱颖而出,获得一份安逸体面的工作。我更享受现在"争分夺秒"的碎片化阅读时光,往浅处说,古人的"书中自有黄金屋"能让我时不时收到一些碎银润笔的小确幸;往深里讲,我在书中探索生命的意义,找寻到了自我的价值。隙虽小,却让我在书中窥出了一个大世界。

(申功晶)

书香相伴暖流年

在我的书柜里,有那么几本老旧书:《水浒传》《西游记》《巴黎圣母院》《鲁滨孙漂流记》《80天环游地球》《格列佛游记》。有时,朋友见了会忍不住说:"你怎么这么恋旧?"听着朋友们的吐槽,我只是会心一笑:"就是舍不得。"

朋友们说的不无道理:这几本书是青少版本的,有些还绘有插图,并非原著或原著译本。虽然我如今已经拥有这几本书的原著或译本了,可我依然将这几本书珍藏于书柜之中。

这几本书都购于我读初中时期。那时候父亲在外工作不顺利,家里日子过得紧巴巴的。最困难时,父亲几个月才往家中寄送一次生活费。在家陪读的母亲,有时也要到附近的手袋厂打零工。母亲从未跟我说过"困难"两个字,可我从日常琐碎的生活细节中,依然能感受到生活之不易。

学校门口有几家小卖部,每当上学前或放学后,小卖部里便人头攒动——挤满了买玩具或零食的同学。我也喜欢凑热闹,起初还跟着同学一起去逛逛。逛了几次之后,我就再也不去了。原因很简单,因为兜里没钱。

有些同学喜欢分享,每次买了零食便招呼着周围同学一起享用,每个人分几块糖果,或是些许饼干、辣条等。大家虽然年纪小,也知道人情是要还的,今天吃了同学的零食,下次可就得轮到自己回请了。于是,每回见到同学聚在一起吃小食时,我便自觉绕得远远的。

我的零食,大都是母亲或外婆包的米果。同学宝磊有时候悄悄带巧克力进学校,我看着他吃巧克力实在嘴馋。后来有一次,我终于厚着脸皮并用假装无所谓的口吻问他:"能给我来一块吗?"当时我不肯承认,可实际上,讲出这句话是需要很大勇气的,甚至还令我有些莫名自惭。

巧克力吃进嘴里,好像有点儿苦涩。于是,我后来懒得向宝磊讨巧克力吃,但他每次带了巧克力糖,总是不待我提,便主动与我分享,这让我觉得过意不去。于是,家中做了米果时,我总会想起他。那时我只是觉得我和宝磊情深谊厚,后来我才知道,他之所以给我巧克力,是因为我家的米果好吃。

我在学校里的遭遇,母亲多少有些察觉。那时,学校规定初中生早上六点半之前必须到校上早自习,这个时间点根本来不及吃早点。我只好从母亲的钱包里拿点钱,等下了早自习后去外面将就吃点儿。每次拿钱的时候,母亲都说:"钱够花吗,你要买零食的话,就多拿点吧,随你拿。"看着母亲那干瘪的钱包,我总说:"知道了。"可我每天只拿一块钱,那时学校门口的包子1块钱4个。我有时候只吃两个包子。辛辛苦苦攒下的一点儿经费,我并没有花在吃上面。

当时同学中盛行"藏书"之风,不少同学家里都有书柜,上面摆满了精美图书,比如宝磊就有一个书柜。有的同学喜欢带着图书来到学校炫耀:"看我这书咋样,《哈利·波特》的最新系列。我爸去上海出差特意给我带的。"我特别羡慕他们。可我没办法像他们一样购置书柜和精致图书,我想读课外书的时候,只好去新华书店。有一段时间,县城有两家新华书店,其中一家离我家不远。遗憾的是,这家新华书店后来歇业了。另一家新华书店在城西,我步行前往需要半个小时,来回就是一个小时。可一到假日,我仍然乐此不疲地徒

第 9 章 忆年文苑

69

步去书店。我每次到了那儿,就窝在里面看一下午书,直到书店管理员下班清场时我才恋恋不舍地将书放回书柜离开。

我省下来的那一点所谓的"零花钱",基本上都花在了买书上。书店里能打动我的书可太多了,难以尽数,可我经费有限,不敢奢望太贵的、包装太奢华的,只能挑相对便宜的书购买,或者说"收藏"。即便这些书的标价只是5块、8块、10块,可也够我攒好一阵子的了。买回家后,我将这些书视若珍宝,不仅要写上自己的名字,还要把购买的时间也写上去。就这样三年下来,我买了6本书,平均每半年一本。我将这些书竖立着摆放在我那张被当作书桌的泛黄的旧木桌上,看着这些书,我心里喜滋滋的,就好像自己也拥有了一个书柜。那几年物价上涨。到了初三那年,1块钱只能买两个包子了,相当于涨价一倍。不过,我并没有告诉母亲。直到很久以后,她才知道学校门口的包子铺涨价了。不过,那时候我已经考完中考了。

高中的时候,父亲开始回家创业,家里的生活条件才随之改善。如今,我已经圆了少年时代的梦——买了一个书柜,还买了很多少年时想看的书。不过听宝磊说,曾经爱好藏书的那些同学,现在都不爱藏书了。而且很多过去收藏的书,都被他们卖掉了。我听后唏嘘不已。宝磊有时看见我的旧书,也会像大家一样吐槽一句:"你怎么这么恋旧?"实际上,在我从没说过"困难"的那段岁月里,我有时晚上躺在床上,眼泪也会禁不住夺眶而出。我也曾伤心难受过,也曾自卑自贱过,甚至还妄自菲薄、自暴自弃过。每当我鼻子酸时,我就拿起木桌上这几本书翻阅起来。于是,我的情绪也随之进入了那些神奇的故事中。正是这几本书的陪伴,让我感受到了时光里的温暖,治愈了我内心的不安与焦虑。

(邱俊霖)

第10章 教师手记

家长如何与孩子沟通

有家长问我,什么是沟通啊?沟通,从字面上来看,"沟",构筑管道也;"通",顺畅也。沟通是人与人之间、人与群体之间思想与感情的传递和反馈的过程,以求思想达成一致和感情的通畅。沟通的目的是让对方达成行动或理解你所需要传达的信息和情感,也就是沟通的品质取决于对方的回应。你说的话,对方有没有反应,有没有理解,这很重要。

记得两年前教学六年级时,隔壁班有个女孩子,上课玩手机,被班主任发现了。无论班主任用什么方法,孩子就是不说手机是怎么来的。后来,班主任没办法,只好请孩子的妈妈来学校。孩子的妈妈对孩子怎么有手机的也不清楚。无论孩子的妈妈怎么问,孩子都始终不开口。这时候,我对他们说:"让我来试试看吧!"我让他们全部离开,我单独与女孩交流。我对她说:"不用你开口,我能准确说出你此时心里的想法。如果我说对了,你就和我交流。如果我说得不准,那你可以转身离开。可以吗?"孩子半信半疑地点了点头。我说:"我

讲话时,你看着我的眼睛。眼睛是心灵的窗户,它不会说谎的。"我接着说,"你此时的心情焦虑、彷徨、担心、紧张、害怕。对吗?"孩子点了点头,眼睛睁得好大,一脸的茫然。她说:"老师,你怎么知道我的内心的呢?"我对她说:"老师是学过心理学、教育学的,会读心术!"孩子向我敞开了心扉。心门打开了,下面的事情就好办了。原来,女孩子和社会上的大男孩交往了,手机是他给女孩子的,他们还定期约会呢!我大吃一惊,这可不是一件小事,搞不好会出大事的。我对她进行了教育,告诉她,这个时候不能将精力放在交往上,更不能随便接受异性的金钱、礼物等,而应该努力学习。

我们家长在和自己的小孩沟通时一定要慎重,要注意沟通技巧。只有这样,才能取得孩子的信任,从而取得好的教育效果。

真诚的沟通还要做到知己知彼。问孩子问题时,要问对路子,了解对方的心思。必须要明白孩子是哪一个方面出了问题,就像医生看病一样,只有弄清病因,才能对症下药,才能药到病除。打个简单的比方,婴儿哭闹,无非有几种原因,或是尿片湿了,或是生病了,或是借哭消食等。你只有弄清原因,才能解决问题。

倾听孩子的话时,不要随便打断,要听孩子说完。倾听的时候,一般可以微笑着看着对方。注意,不要盯着对方的眼睛看,而是看着眼睛下面的鼻子或者嘴唇。倾听完了,可以礼节性地点点头,报以微笑。当你微笑了,就会具有亲和力,就会缩短和对方的心理距离,便于对方向你敞开心扉。微笑,欲取之,先予之。你想走进对方心里,一定要聆听。只有充分取得对方的信任，你才能走进对方的内心。

　　真诚的沟通少不了适时适当的赞美。当你运用赞美、认同、询问等方式，弄清对方想听什么时，就可以用对方感兴趣的方式表达，比如幽默、热情、亲和、友善的语言或态度。适时地赞美，会让孩子有种被尊重的感觉，他会觉得你真好，懂得尊重人，无形之中就会增加对你的好感。适当的赞美也会让你的孩子觉得你很中肯，也很实际，没有言过其实。因为，如果你夸大其词，对孩子大夸特夸，就会让孩子觉得你很不真实，从而反感你。

　　当然，在和孩子交流时，良好的沟通是必不可少的。真诚是最好的法宝，我们要用好这个法宝，更好地教育好自己的孩子。

（石玉楼）

适时糊涂，给转变留扇窗

孩子在成长的过程中总会犯错，也在错误中不断成长。有时候老师不一定每一件事都要"明察秋毫"，糊涂一点，给孩子留一扇窗，一个退路，很有可能就是转化学生的契机。

我班的何天青是个没定性的男孩，上课坐不住，作业做得马马虎虎，所以语文成绩不够理想。我多次找他谈心，每次他都下决心好好学习，但坚持不了两天，就一切照旧。本想请家长多督促，但他父母在外地工作，实在抽不出空来。我一直思考着转化他的有效方法。

一天，自习课上，忽然有个同学举手向我汇报，课代表张子寒让他偷偷给何天青传小纸条。果然，这个同学手上举着一张窄窄的小纸条。我拿过来一看，只见上面写着："我今天放学有空，老地方见。"他们约好放学后干什么？这么急切地在课堂上传纸条？大家都疑惑地看着张子寒。他坐在位置上不知所措，目光里透着紧张。何天青也有点慌张。我突然想起何青天这段时间作业正确率总是很高，第二天又对自己的答案一无所知，心里便隐隐有了答案。

怎样处理这件事呢？我不想戳穿他们，怕伤了他们的自尊，但又不想放任抄作业这种不好的行为继续下去。我看着斯斯文文的张子寒和朝气蓬勃的何天青，心里一动，开口说："你们住在同一个小区，我估计呀，你们应该是在一起互相帮助，取长补短的，是吧？这件事你们下课约就好，课堂上就不要传纸条了。"

"是的，是的。"他们两人点着头，非常高兴我的"误会"。

"我猜张子寒是帮助何天青学习语文知识,何天青是帮助张子寒提高体育成绩,对不?"我继续"误会"着。

何天青放了心,得意地说起来:"是的,我教他体育,他的体育就是'弱鸡',投篮姿势不对,也没有力气,我教了他多少遍,他才会一点点。他教我……语文……嗯嗯……"他说着说着,开始心虚起来,我假装什么都没听出来。

"你们准备通过哪些方式互相帮助呢?预计达成什么样的目标呢?我能听听你们的设想吗?"

"这个……"他们说不出来了。

"没关系,你们可以好好计划一下,同学们也可以为他们提出好的建议,明天我们利用晨会课来讨论你们的计划,好吗?"他们连忙点头,我的"误会"让他们真的开始思考这个问题了。

第二天的晨会课,我们认认真真地讨论了他们的互助方案,同学们觉得不仅可以利用课外的时间互帮互助,在校内的点滴时间也可以充分利用起来。互助的效果可以通过作业、课堂表现,以及阶段达标练习等方法去检验。

于是,校内校外,我们总看到这两个形影不离的小家伙。他们或者在一起做作业,或者在一起玩耍锻炼。也许有了同学的督促和陪伴,何天青的学习比以前有耐心了很多,通过检查,作业也明显是自己独立思考或在帮助下努力完成的,学习成绩有了稳步提高。张子寒呢,他的家长说,孩子不孤单了,通过持续的锻炼,感冒都少了。

后来,我也建议其他同学也尝试根据需要结队学习,不仅在共同学习中取长补短,提高成绩,还能收获友谊,收获快乐。

有时班级工作"糊涂"一点,制造点"误会",给孩子一个改正转变的机会,倒能起到意想不到的效果。

(凌欣台)

第 11 章　他山之石

一种自我控制的强大力量

韩国南希的两个孩子杰伊和汉德现在都在读小学,妈妈为了孩子甚至放弃了自己的工作。还好,两个孩子不负所望,可以说是学校的风云人物,在学校皆表现优异,并健康快乐地成长。

杰伊和汉德最值得称赞的,不是他们优秀的成绩,而是一定会遵守与父母的约定,以及为了完成自己的功课及义务所尽的所有努力。

当初约定每天玩电脑或看电视绝不超过一小时,如今已经过了一年多,两个孩子依然遵守,且从未违过约。

不只如此,到了考试时不需妈妈强迫,自己制订好计划表后,便会坐在书桌前聚精会神地念书,直到完成自己订好的任务量为止。

两个孩子的专注力在学校也很有名,每当升一个年级换班主任时,两个孩子的班主任都会问南希,如何才能让孩子像杰伊或汉德一样,可以那么长时间坐在座位上,集中精神专注读书?

甚至还有一次,南希不在家,杰伊的朋友来家里玩,其中有个朋友对杰伊提出诱惑说:"反正妈妈不在家,我们一起玩电脑好不好?"

结果,杰伊告诉那位朋友说,这是与妈妈的约定,所以不能违背。那天晚上回到家里的南希,听到杰伊告诉她白天发生的事之后,反问杰伊:"难道你不想和那个朋友一起玩电脑吗?"

杰伊这样回答:"电脑游戏当然好玩,不过如果继续玩下去,可能就会变得不想读书。我想现在先忍耐一点,等将来长大之后,过更快乐的生活。"

有谁会相信这是一个才不过十岁的孩子所说的话呢!不需要强迫,自己会控制想做的事情,会遵守约定,虽然不喜欢却能集中精神去做,而一切的原动力就是"自制力"。

所谓自制力,简单来说,就是"为了获得好的结果,可以克制瞬间的欲望或眼前的需求的能力"。

当发现孩子头脑聪明却不努力,可以沉迷在电动游戏上几个小时,坐在电视前面,甚至可以忘记吃饭的时候,在责备孩子之前,先要观察孩子的自制力。

如果孩子的自制力不足,便无法好好读书。由于可以集中精力做某件事的能力不足,因此也很难在指定时间之内完成课程或作业。就算自己下定决心坐在书桌前,书还没翻一两页,就已经全身不适;若朋友打电话相约出去玩,就会毫不犹豫地跑出去,如此一来,当然无法顺利读书。

([韩]张炳惠著　宁莉译)

卡尔·威特的蓝色苹果

卡尔·威特是 19 世纪德国的著名的学着,相传他出生后被认为智力有缺陷,但父亲从未放弃他,反而以独特的教育方式,将他培养成一个 14 岁时就获得哲学博士学位的"天才"。

卡尔小时候,曾用蓝色笔画苹果,有人向他的父亲提议,应该告诉孩子画苹果得用红色。

但卡尔的父亲回答说:"他画得很好,说不定他以后真的会种出蓝色的苹果。至于现在的苹果是什么颜色,他吃苹果的时候自然会知道。"

卡尔·威特的父亲给予了孩子无限的想象空间和创造力的鼓励。

后来,卡尔·威特 14 岁就被授予哲学博士学位,16 岁获得法学博士学位,并成为柏林大学的法学教授。

这个故事告诉我们,家长对孩子的信任和鼓励,是影响孩子的未来关键。

(家　凯)

责任编辑　吴　淼
封面设计　徐娟娟

《家长阅读》
丛书

教会孩子自我保护

ISBN 978-7-5630-9714-2

定价：15.00元